I0472910

PARTECIPA E DIVENTA RICCO

Come guadagnare una Fortuna

in Network Marketing

Natalia Dikun

Partecipa e Diventa Ricco

Partecipa e Diventa Ricco

|||

Connect and Grow Rich. How to earn a Fortune in Network
Marketing Dikun, Natalia

Published by:

10-10-10 Publishing

Markham, Ontario

Copyright © 2019 by Natalia Dikun

Nessuna parte di questa pubblicazione può essere
riprodotta, memorizzata in un sistema di recupero o
trasmessa in qualsiasi forma o con qualsiasi mezzo,
elettronico, meccanico, di fotocopiatura, registrazione,
scansione o altro, senza il permesso scritto del detentore
del copyright.

I consigli contenuti in questo materiale potrebbero non
essere adatti a tutti. L'autore ha ottenuto le informazioni
da fonti ritenute affidabili e dalla propria esperienza
personale, ma non implica né intende alcuna garanzia di
accuratezza.

Tutti i diritti sono riservati, incluso il diritto di riprodurre
questo libro o parti di esso in qualsiasi forma.

Tutti i personaggi sono fittizi, qualsiasi coincidenza è
casuale.

Partecipa e Diventa Ricco

L'autore e l'editore non forniscono mai consulenza legale, contabile, medica o di altro tipo. Il lettore deve sempre cercare questi servizi da professionisti competenti che possono rivedere le circostanze particolari del lettore. L'autore e l'editore in particolare declinano ogni responsabilità, perdita o rischio assunto da individui che agiscono direttamente o indirettamente sulle informazioni qui contenute. Tutti i lettori devono accettare la piena responsabilità per il loro uso di questo materiale.

Prima edizione cartacea10-10-10 Publishing in Maggio 2019

ISBN: 978-1-07052-635-5

Sommario

Partecipa e Diventa Ricco

II

Capitolo 6: Scegli i metodi che preferisci per fare il business

Capitolo 7: Come diventare il migliore nell'assistenza dei clienti (Follow up).

Questo libro è dedicato ai miei amati genitori

e a mio figlio Alessandro.

Partecipa e Diventa Ricco

PREFAZIONE

Caro lettore ...

Vivi la tua vita con la LIBERTÀ che vorresti avere? Sei l'autore della tua vita? Vuoi essere il tuo capo, viaggiare per il mondo, avere più soldi e tempo per te e la tua famiglia, ma ti senti così congelato dalla paura perché non sai come raggiungere questo obiettivo?

Ti senti frustrato e vuoi vivere una vita all'insegna della LIBERTA '?

Ti piacerebbe scoprire la tua missione su questo pianeta e realizzarla, diventando più ricco, più felice e più sano e approfittando dell'abbondanza e della libertà?

Vuoi saperne di più sull'opportunità unica di cambiare la tua vita in meglio? Ovviamente, hai sentito parlare del network marketing e delle persone che hanno cominciato questo business da zero, essendo persone semplici e normali, probabilmente, proprio come te. Hanno iniziato questa attività e sono diventati finanziariamente indipendenti. Se vuoi iniziare qualcosa di nuovo e creare entrate aggiuntive e residue nel network marketing, devi sapere come scegliere la compagnia giusta, cosa fare all'inizio, come trovare i tuoi primi clienti e partner commerciali, e c'è molto più da considerare!

VII

Indipendentemente da chi sei o da quale sia la tua situazione attuale, indipendentemente dalla tua età, dalla tua cultura, dalla professione e dalla situazione economica, dalla tua fede o religione, questo libro è pieno di idee e ti guiderà nel settore, fornendoti consigli sui passaggi necessari per avere successo e insegnandoti a raggiungere il tuo obiettivo non appena avvierai questa attività.

Natalia Dikun era una impiegata d'ufficio ordinaria, una madre single che emigrò dalla Russia in Europa. Nonostante un buon stipendio, era preoccupata per il futuro finanziario della sua famiglia. Un amico l'ha invitata ad iniziare a lavorare nel network marketing. Dopo aver preso la decisione per cambiare la sua vita e la vita della sua famiglia in meglio, ha iniziato a lavorare attivamente in questo business, nonostante il fatto che nei primi tempi fosse molto difficile per lei. Natalia ora è Green Diamond, è uno dei ranghi più alti e prestigiosi di una carriera in un'azienda con la quale lavora. Lei è un vero esempio di ciò che puoi diventare, applicando tutto ciò che ti insegna in questo libro.

Basandosi sulla sua esperienza nel network marketing e sull'esperienza acquisita durante 6 anni di assistenza ai suoi partner commerciali, Natalia ha scritto come diventare un networker di successo in modo da poter trasformare le tue difficoltà in una vittoria, come ha fatto lei.

Natalia condivide con te tutte le sue esperienze personali per aiutarti a superare la paura e iniziare a costruire lo stile di vita che desideri vivere. Crede che le condizioni in cui sei nato non siano nelle tue mani, ma dove e come finisci la tua vita è una tua decisione e una tua responsabilità. Questa guida ti aiuterà ad avviare un'attività in una società network marketing che sceglierai, ti aiuterà a sviluppare le competenze di cui hai bisogno, a diventare un imprenditore e a gestire il tuo tempo e denaro.

Se hai bisogno di qualche consiglio o vuoi seguire una formazione per imparare questa attività, Natalia Dikun e i suoi corsi e sessioni di coaching ti aiuteranno sicuramente ad avere successo.

Preparati a leggere questo fantastico viaggio e preparati per cambiamenti significativi nella tua vita, le tue finanze e a vivere la VITA DEI TUOI SOGNI.

Raymond Aaron

Autore del best seller del New York Times

Partecipa e Diventa Ricco

Ringraziamenti

Grazie:

Ai miei amati genitori, per avermi fatto diventare indipendente, creativa e propositiva.

A mio figlio, Alessandro, lui è la ragione principale per la mia determinazione a riuscire, e ha sempre creduto in me e mi ha incoraggiato. Alla mia famiglia premurosa: mia sorella, mia nipote e i miei cari, per il loro costante supporto e attenzione. Ai miei mentori e insegnanti: Helmut, per avermi dato questa opportunità e avermi insegnato le basi di questo business e le leggi dell'universo, nonché per la sua generosità. Birgit, per il suo esempio di duro lavoro e perseveranza, Chris, per avermi insegnato un approccio analitico al business, Manfred, per le sue grandi presentazioni dal palco, Stefan per la sua dedizione alla compagnia e l'ottimismo, e a tutti i miei altri mentori.

Grazie a tutte le persone, ai corsi e alle classi che ho frequentato e ai libri che ho letto. Un ringraziamento speciale a tutto il mio team, i miei amici, colleghi per il loro duro lavoro, il desiderio di raggiungere i loro obiettivi e la fiducia. Grazie a Stefano, Michele, Davide e Lucia, Paolo, Claudio, Antonio, Maurizio ed Elisabetta. Grazie a Daniela, che è diventata la mia prima collaboratrice e ha creduto in me. Ringrazio calorosamente tutti i membri della mia squadra. Sfortunatamente, la dimensione di questo libro non mi permette di ringraziare tutti per nome, ma mi ricordo di tutti voi con gratitudine. Grazie a Rosy e Roberto per avermi aiutato a preparare l'edizione di questo libro in italiano. E, naturalmente, grazie a Raymond Aaron, per aver creduto in me e aver pubblicato il mio libro.

1

La vita dei tuoi sogni.

La mia storia.

Se qualcuno mi avesse detto 6 anni fa che avrei vissuto a Londra, cominciato a viaggare per il mondo, parlato su palcoscenici, condotto corsi di formazione, consigliato la gente per affari e scritto libri, semplicemente, non ci avrei creduto. Dopotutto ora la mia vita è questo ed ognuno di questi meravigliosi cambiamenti, sono iniziati con una decisione che ho preso dopo aver parlato con il mio amico Emanuel ma, lascia che ti racconti un po' di più.

La mia vita ora è cambiata drasticamente ma tutto è iniziato 6 anni fa.

Durante quegli anni vivevo in Italia e lavoravo in un'azienda come manager delle vendite ma ero sempre alla ricerca di qualcosa che potesse migliorare la mia vita, la vita di mio figlio e della mia famiglia.

Sono nata in Russia da una buona famiglia. Mia madre era un'insegnante e mio padre un'artista; era il direttore di un teatro giovanile. Non faceva che scrivere poesie e canzoni ragion per cui, io e mia sorella abbiamo studiato in una scuola di musica. Alla fine del mio percorso nelle scuole superiori ho iniziato ad insegnare musica ai bambini. Qualche anno dopo, mi trasferii a San Pietroburgo dove, intrapresi i miei studi universitari ed una volta conseguita la mia laurea, divenni manager del turismo.

Desideravo scoprire l'Europa quindi, mi ero stabilita nel nord Italia dove lavoravo nel settore turistico.

Diventai poi manager di un'azienda che lavora con l'Europa dell'Est ma a quel tempo tutto il resto nella mia vita era difficile. Mi sono separata da mio marito e mi sono ritrovata a crescere mio figlio da sola. Mia mamma mi aiutò e, le sono e sarò per sempre molto grata ma, è stato comunque molto difficile per me. La situazione e stabilità finanziaria mie e della mia famiglia mi preoccupavano. Tutto veniva influenzato dalla situazione che stavo vivendo ed avevo troppo poco tempo per stare con mio figlio. Ero costretta costantemente ad andare a numerose fiere, visitare clienti e spesso ero in viaggio. Ero molto stanca e continuamente preoccupata. Se io per qualsiasi motivo non fossi andata a lavorare, la mia famiglia sarebbe rimasta in breve tempo senza mezzi di sussistenza. Sognavo di viaggiare per piacere, volevo che mio figlio studiasse nelle università più prestigiose e volevo aiutare la mia famiglia.

Quando il mio buon amico Emanuel un giorno mi chiamò, dicendomi di volermi parlare di una possibilità che avrebbe migliorato la mia vita, subito mi incuriosii. Mi disse che mi avrebbe parlato di una nuova società che vendeva prodotti per la salute. Sono sempre stata interessata alla salute ed alla cura della mia persona per questo cerco sempre di essere il più presentabile possibile.

Mi piacque la sua proposta e decisi di provare i prodotti. Mi disse che se mi fossero piaciuti i prodotti avrei anche potuto guadagnare attraverso essi. Inizialmente ero molto scettica perché; già una volta mi era stato offerto qualcosa di simile ma, non avevo guadagnato nulla, ma anche questa volta decisi comunque di accettare ed iniziare. Mi piacquero molto i prodotti. Mi facevano sentir bene.

La frase che il mio amico aveva detto riguardo al fatto che avrei potuto guadagnarci su e persino diventare una persona finanziariamente libera, mi tornava in mente continuamente senza darmi pace. E allora decisi di chiedergli cosa aveva in mente?

Emanuel rispose:

"Questa è una lunga storia" e mi invitó a fargli una visita.

La vita dei tuoi sogni

Ci sedemmo con Emanuel attorno al tavolo del suo giardino , il sole ci scaldava dolcemente, iniziammo a conversare e lui iniziò a farmi diverse domande :

"Come vorresti fosse la tua vita? Dove vorresti vivere? Con chi ? Vorresti vivere in città? In campagna? In riva al mare? In un paese esotico? Cosa vorresti fare? Se avessi tutti i soldi e tutto il tempo cosa faresti? Come sarebbe la tua giornata? A che ora ti sveglieresti? Cosa faresti dopo? Cosa mangeresti a colazione? Con chi la faresti ? Come sarebbe la tua macchina? O vorresti pilotare un elicottero?".

Iniziai a ridere.

"Un elicottero?!" Chiesi sbalordita.

"Cosa faresti durante il giorno? Leggeresti un libro? Andresti a mangiare con gli amici, con la famiglia? Come sarebbero le tue giornate? Dove andresti in ferie?" continuò a domandare.

Non mi ero mai chiesta prima di allora come immaginavo la mia vita ideale.

Chiesi ad Emanuel :

3

"Perché mi fai tutte queste domande?".

E lui mi rispose :

"Perché se non sai dove andare, come fai ad arrivarci?"

"È vero!" pensai io. Mi soffermai a pensarci. Mi guardai attorno e vidi la bella casa di Emanuel e pensai che probabilmente viveva la vita dei suoi sogni. Lui era molto sereno, non aveva nessuna fretta, nessuno stress. Erano poche le persone che avevo visto così serene nella mia vita. Emanuel mi spiegò che prima di andare da qualche parte, bisogna avere un obiettivo. È come andare in ferie. Prima decidiamo dove vogliamo andare. Poi cominciamo a cercare un albergo o una casa. Poi scegliamo il mezzo di trasporto ed iniziamo a pianificare il nostro viaggio per far sì che sia tutto pronto e sapere ogni cosa prima di arrivare. Fu proprio per questo che Emanuel mi chiese di descrivere come avrei voluto la mia vita. Mi disse :

"Quando vai a casa prendi un bel quaderno e comincia a scrivere tutti i tuoi sogni, scrivi le risposte alle domande che ti ho fatto ma, non pensare troppo, scrivi la prima cosa che ti viene in mente. Scrivi anche quanto vorresti guadagnare al mese e all'anno. Come vorresti fosse la tua famiglia, dove vorresti andare in ferie. Che tipo di relazioni hai con i tuoi cari. Scrivi per diversi giorni. Quando vedrai che alcune cose si ripeteranno giorno dopo giorno, vorrà dire che quelli saranno i tuoi veri desideri. Punta sulle tue potenzialità e su tutto ciò che dà valore alla tua persona e vedrai che così potrai disegnare la vita dei tuoi sogni" disse.

Allora lo interruppi e con lieve disappunto e tono di protesta chiesi:

"Io lavoro tutti i giorni, faccio di tutto per pagare tutte le bollette, come faccio ad arrivare ad avere la vita dei miei sogni?".

"Di questo cara Natalia parleremo la prossima volta" rispose lasciandomi in sospeso.

4

Mi piace fare queste domande alle persone, quando parlo sul palcoscenico ai miei corsi o quando faccio una sezione di coaching a qualcuno. È importante vedere l'obiettivo. Per questo cari amici, vi chiedo di lasciare il libro ora, prendervi una mezz'ora di tempo e scrivere come immaginate la vita dei vostri sogni.

Nel mio sito, troverete un documento che potete scaricare per aiutarvi a disegnare al meglio la vita dei vostri sogni .

Prendete subito un quaderno, puntate il timer del vostro orologio su 30 minuti ed iniziate a descrivere la vita dei vostri sogni.

Come diventare finanziariamente indipendente?

Tornai da Emanuel dopo qualche giorno, avevo con me un quaderno pieno di appunti. Ho scritto durante quei giorni tutti i miei sogni, le idee che mi passavano per la mente e come volevo che fosse la mia vita. Ho descritto la mia casa ideale, la mia futura famiglia, ho descritto anche l'università in cui sognavo studiasse mio figlio. Ho descritto la macchina che volevo, come avrei passato il tempo. Ho scritto che avrei voluto viaggiare e visitare paesi lontani come Thailandia, Maldive, Filippine, America e mille altri ancora...

Ho cominciato a vedere più chiaro il mio futuro e la mia vita ideale ma, assieme a tutto ciò ho iniziato ad aver ancor più domande e preoccupazioni. Chiesi ad Emanuel:

"Ma come faccio ad ottenere la vita dei miei sogni ?

Nonostante io lavori così sodo e viva una vita assolutamente normale, non posso chiamarla la vita dei miei sogni.

Se non lavorassi, non riuscirei nemmeno a pagare le bollette ed in quel caso, di sicuro non sarebbe la vita agiata e confortevole che io vorrei. Come devo fare? "

5

"Hai fatto bene i tuoi compiti e hai fatto anche delle buone domande" affermò Emanuel "mi piacciono le persone che fanno le domande" aggiunse.

"Tu lo sai qual è la differenza tra una persona economicamente povera è una persona benestante?" mi chiese.

"Certo, la persona povera non ha i soldi e la persona benestante ce li ha".

"Sì in parte è così ma, la differenza più grande è nel loro modo di affrontare il mondo e vedere i guadagni. La persona povera o media lavora per il guadagno; va a lavorare e la pagano ad ore o per i risultati nel caso di professionisti quali dottore,architetto o avvocato. Ma nonostante queste persone guadagnino bene, se non andassero a lavorare ogni giorno, non guadagnerebbero più nulla giusto?" chiese conferma.

"Sì è proprio così" concordai io.

"E cosa fanno le persone benestanti, ricche ? " chiese Emanuel.

"Loro lavorano per la rendita. Loro fanno in modo di ottenere comunque dei guadagni pur non andando a lavorare".

"Sarebbe proprio bello" esclamai io. "Ma come fanno?"

"Ci sono tanti modi per creare la rendita. Per esempio, puoi ereditare una grossa somma di denaro da un parente, investire questi soldi in banca e vivere con gli interessi" spiegò.

"Ma io non ho i parenti ricchi" dissi con delusione.

"Nemmeno io ne ho avuti" sorrise Emanuel " e ci sono pochissime persone in questo mondo che possono diventare benestanti così. Potresti anche sposare una persona ricca." Scossi la testa.

"Le persone ricche che conosco, sono già tutte sposate".

6

"Potresti scrivere una canzone o un libro che diventerebbe un best seller e vivere di royalties."

"È vero!" esclamai "io ho studiato la musica ma, è difficile che riesca a scrivere una hit".

"Potresti anche comprarti un bene immobile, affittarlo e vivere di rendita" suggerì.

"Ma avrei bisogno di un grosso capitale. E non ce l'ho" risposi.

"Questo è un problema in ogni caso, peccato, per la persona media normale, non c'è la possibilità di crearsi una rendita, un guadagno passivo, tranne uno ..." esordì Emanuel in modo misterioso e fece una pausa.

"Qual è questo modo?" chiesi io "dimmelo" insistei.

"Si chiama network marketing"

Perché il network marketing è la possibilità unica di creare il benessere personale?

"Perché sei così sicuro?"

"Perché lo so"disse Emanuel "perché ho cominciato e conosciuto il network marketing tanti anni fa; ero una persona molto semplice, facevo il semplice impiegato mentre ora, vivo nella mia villa, guadagno tanti soldi, ho aiutato tantissime persone, ho viaggiato per la gran parte del mondo, i miei figli studiano all'estero, io ho una bella vita ed ora posso dire che ho un guadagno residuo. E ti posso spiegare, perché ognuno può cambiare la propria vita in meglio conoscendo il network marketing ed iniziando a lavorare in questo settore.

Perché è così?

7

Prima di tutto, i prodotti del network marketing o i servizi che offre un azienda, sono molto efficaci. Di solito non è richiesta esperienza di vendita per diventare un business partner" concluse. "E come fa un collaboratore ad avere successo se i prodotti non sono buoni?" chiesi.

"Per questo, una persona deve cominciare a usare i prodotti, ed amarli e poi imparare questa attività.

Secondo motivo. Perché il network marketing è un'opportunità unica? Perché è alla portata di tutti. Tutti possono permettersi di cominciare un business così. Di solito tutte le aziende permettono di far avviare la propria attività ad una persona con poche decine o centinaia di euro, dollari o sterline. Guardiamo il mondo del business tradizionale. Ad esempio, vuoi aprire un bar? Quanto ti costa aprirlo? Hai bisogno di una licenza. Hai bisogno di trovare un locale. Fare i lavori. Comprare l'attrezzatura. Quanto ti costa? Sicuramente hai già superato i 10 mila euro, pounds o dollari. Aggiungi anche le spese delle materie prime come il caffè, i dolciumi e tutte le altre cose che venderai. Aggiungi il costo del personale, aggiungi il costo della pubblicità, vuol dire che per iniziare un'attività piccola, ti serve un capitale non indifferente. Nel network marketing puoi partire dai 50, 100, 200 fino a €1000 di costi di avviamento.

La terza cosa molto importante è che la tua attività nel network marketing è solo condividere le informazioni sui prodotti - servizi oppure sulla opportunità. L'azienda madre si occuperà del personale, della logistica, del rapporto con i clienti, dell'apertura di nuovi sedi e mercati, della produzione della merce e anche del magazzinaggio. Questo, vuol dire che hai bisogno di imparare poche competenze. E con queste di diventare un Maestro.

Un'altra cosa molto importante, è che puoi iniziare la tua attività semplicemente nelle ore libere della giornata o della settimana. Non devi lasciare il tuo lavoro o il tuo business attuale. Non devi sconvolgere la tua vita.

Attraverso il network marketing puoi guadagnare extra, crearti una piccola rendita e puoi veramente costruire un impero. Ti faccio un esempio. Anche se hai poco tempo e lavori a tempo pieno, hai un po' di tempo da dedicare al tuo futuro?" mi domandò Emanuel.

"Sì certo" risposi io.

"Bene quanto tempo hai?" continuò.

"Un'ora al giorno" dissi io

"Ok. Supponiamo che tu cominci a lavorare con un'azienda per un'ora al giorno. Usi i prodotti. Trovi i primi clienti e i primi collaboratori. Anche i tuoi business partner probabilmente avranno poco tempo da dedicare alla nuova attività. Forse anche loro un'ora al giorno. Però, quando lavori da sola, fai 6 ore alla settimana. Quando hai due collaboratori, il tuo tempo si duplica e hai 18 ore alla settimana: 6 tuoi più 6 dei due collaboratori. Immagina se anche loro cominciassero ad invitare altre persone, il tuo tempo inizierebbe a moltiplicarsi.

Anche se non tutti fra loro dovessero essere molto attivi, ci sarebbero sempre più persone che aggiungerebbero comunque il loro tempo ed i loro sforzi, creando il proprio guadagno e dando beneficio anche a te.

Il nostro tempo è limitato però attraverso i tuoi collaboratori, tu moltiplichi le ore e i risultati. Fra pochi mesi se sarai più attiva o, anche se continuerai a lavorare un'ora al giorno, il risultato sarà di venti, cento, mille ore alla settimana. E' questo il segreto delle persone benestanti, questo è il segreto del guadagno passivo che tutti vorrebbero avere" concluse.

"Questo discorso mi ha completamente affascinata. Io, una persona semplice, posso cominciare da zero ma, con tante altre persone creare una rendita come fanno i più benestanti del pianeta. Questo è proprio bello".

I miti sui Network marketing

"Ci sono molti miti riguardanti il network marketing che ti voglio svelare. Il primo è che devi essere un bravo venditore. La cosa più importante è che la persona ami il prodotto o il servizio che la sua azienda offre. Durante questi anni, ho conosciuto tante persone che erano ottimi venditori ma non sono durati molto. Chi davvero vince non è colui che vende di più ma, colui che coinvolge più persone ad usare e condividere prodotti ed opportunità . Anzi, essere troppo bravi nella vendita alle volte non aiuta in quanto, se dovessi avere nel tuo team una persona che non è così brava quanto te nella vendita può pensare che il settore sia solo per venditori doc. Se una persona basa la propria attività solo sulla vendita nel network marketing ma non dedica il tempo per costruire una rete di collaboratori, allenarli, renderli forti e indipendenti, la sua carriera può finire molto presto. Quando un venditore è stanco di vendere, non produce nulla,   non guadagna nulla e diventa demotivato ed a questo punto va in crisi.

Se invece una persona usa il prodotto o il servizio, ottiene un gran risultato, impara a presentarlo in maniera efficace, riesce a vendere il prodotto senza essere il venditore e riesce a trovare nuovi business partner. Questo comincia a creargli un guadagno indiretto o residuo. Anche se questa persona non vende per qualche giorno, non va in crisi perché riceve comunque guadagni ed è motivato" disse Emanuel.

"Un altro mito molto comune è quello che per arrivare al successo nel network marketing basta invitare due o tre persone. È un concetto sbagliato. Alcune aziende ti permettono di fare carriera avendo due o tre squadre forti però, non è detto che queste due o tre persone le trovi subito. Quando qualcuno arriverà dicendoti che devi invitare soltanto due persone stai allerta perché questa persona non ti starà dicendo la verità" mi allarmò.

"Può essere che trovi dei Campioni del settore abbastanza velocemente. Può anche però succedere che ci vogliano più tempo e sforzi . Tante persone hanno creduto a queste false promesse sull'invitare poche persone e diventare subito milionari ma poi, sono rimaste molto deluse. Io ti invito a vedere questo processo come un allenatore di bambini" mi suggerì Emanuel.

"Un allenatore quando lavora con i bambini può dire che un bambino ha più potenziale o un altro più carattere ma nessuno riesce a priori a dire chi di loro sarà il vero campione che un giorno potrebbe vincere le Olimpiadi. Quindi, solo invitando tante persone troverai i tuoi campioni che insieme a te andranno alla vittoria. Invitare non è un lavoro difficile e se conosci questo mito non cadrai in trappola.

Mi venne in mente il racconto di un'amica su quando qualcuno le aveva proposto di diventare parte di un'azienda e le aveva assicurato che le sarebbe bastato trovare solo due persone. Mi ricordo che parlò con una decina di persone, me inclusa ma, nessuno di loro fece molto ed il suo entusiasmo svanì. È proprio di questo ciò di cui parlava Manuel.

Un altro mito sul network marketing è basato sulla sull'idea che le aziende paghino se le persone entrano a far parte del network marketing. Questo non è legale. Per questo, se qualcuno ti dovesse proporre un'attività di network marketing dove tu guadagni perché le altre persone pagano per entrare e non ci sono beni, prodotti o servizi dietro, stai lontano da questa proposta. Se vuoi costruire un futuro solido e duraturo nel network marketing , devi scegliere buone fondamenta. Alla base deve esserci un ottimo prodotto o servizio che darà dei risultati ma, parleremo meglio di questo un'altra volta" disse e poi riprese :

"Un altro mito molto popolare è quello che devi avere molto tempo e che sei costretto a lasciare il tuo lavoro. Come ti spiegavo prima; ti basta un'ora al giorno, qualche ora alla settimana . Se

11

lavori con costanza e metodo usando un sistema, puoi arrivare a risultati eccellenti. E' solo quando i tuoi guadagni nel network marketing cominciano a superare i guadagni del lavoro principale in maniera costante, per almeno 6 mesi, che puoi considerare l'idea di lasciare il tuo lavoro di sempre. Per questo, l'idea che ti serva molto tempo o tu debba lasciare il tuo lavoro per lavorare nel network marketing è un mito" concluse.

Andai via da Emanuel e dissi a me stessa: " Ho deciso di trovare i miei campioni. Probabilmente dovrò invitare tante persone e tra loro troverò i migliori".

Tutti possono farlo

In realtà, disse Emanuel, stiamo facendo network marketing di continuo. Quando andiamo in un buon ristorante, quando leggiamo un bel libro, guardiamo o abbiamo visto un bel film o abbiamo una nuova applicazione che ci piace tanto, condividiamo con gli amici il nostro entusiasmo e il nostro sapere. Però non veniamo pagati per questo. Alcune aziende che lavorano nella telefonia, usano questo principio ti ricordi : 'se porti un amico avrai €10 di sconto sulla prossima bolletta', lo usano anche le palestre ora 'se porti un amico hai un mese di abbonamento gratis'.

L'idea è bella solo che l'azienda non ci paga, ci fa dei piccoli regali in più. Inoltre, una volta che si è portato questo nostro amico, l'azienda ha guadagnato un cliente e del denaro in più mentre noi cosa abbiamo guadagnato? Di concreto nulla.

Nel network marketing non è così. Quando ti registri come un affiliato di un azienda, ricevi un codice personale ed ogni volta che parli con qualcuno, condividi la tua esperienza, la tua storia e il tuo amico diventa un cliente o un affiliato, l'azienda ti premia. E non finisce qui, vieni premiato anche quando la cosa viene duplicata e quando il tuo amico porta altri amici che diventano a loro volta clienti o business partner della compagnia. È un passa parola che ti premia. Per questo il network marketing è una cosa naturale, che facciamo volentieri ogni giorno, senza essere venditori e senza tanti sforzi.

Partecipa e Diventa Ricco

2
Come scegliere l'azienda giusta?

Le domande chiave.

Mi voltai verso Emanuel e gli chiesi:

"Ma come fai a sapere che l'azienda con la quale vuoi lavorare è quella giusta?"

"Questa è una buona domanda" affermò introducendo la vera risposta.

"È un'ottima domanda perché è una scelta importante. È come scegliere nella vita: quando fai la scelta giusta, ottieni conseguenze giuste mentre, quando fai la scelta sbagliata avviene il contrario. Prendi ad esempio quando eri una ragazza e dovevi sceglierti un fidanzato. Poteva succedere che un ragazzo con cui ti piaceva uscire, fosse divertente e tu lo ritenessi quello giusto ma, non era molto portato per la vita familiare. Quindi, pensandoci, se lo avessi sposato probabilmente il vostro matrimonio non sarebbe stato tra i più felici. Se invece ti capitava un ragazzo serio, responsabile, buono, affidabile e ti piaceva allora, le probabilità di un buon matrimonio sarebbero state molto più alte e la tua felicità probabilmente sarebbe stata in futuro anche più di quella passata.

Utilizza i parametri nella tua scelta proprio come avresti fatto da ragazza con un fidanzato. Nel caso della tua futura azienda i parametri potrebbero essere: da dove arriva e qual è la sua storia, da quando esiste l'azienda ed in quanti paesi esiste. Il mondo è diventato molto più piccolo e veloce. Per questo, sarebbe meglio lavorare e guadagnare non soltanto a livello locale o nazionale ma, poter guadagnare anche a livello internazionale dal momento che, abbiamo la possibilità di usare Internet e altri mezzi che la rete ci offre.

Un'altra cosa molto importante sono i prodotti o servizi che offre l'azienda. È un prodotto attuale? È un prodotto utile? È un prodotto trend? Di cos'è un trend ne parleremo fra poco" si soffermò un momento per poi riprendere il discorso.

"Guardando la storia e i fondatori bisogna capire se la compagnia ha una filosofia perché, se non ce l'ha vuol dire che non vuol fare un business a lungo termine. A te interessa fare un business giusto per un paio di anni o vorresti che i risultati del tuo business aiutassero in futuro anche i tuoi figli ed i figli dei tuoi figli?" chiese.

"Ma certo che vorrei farne uno a lungo termine" dissi io.

"Perfetto" disse Emanuel.

Poi tante volte all'inizio non si capisce quanto bisogna fare per guadagnare dal fatturato della rete in un'azienda. Perché se devo fare troppa vendita, allora devo rendermi conto che devo avere molto tempo a disposizione per essere un buon venditore, ma quante persone possono considerarsi dei buoni venditori e quanti amano la vendita?

Per questo, bisogna fare attenzione a queste cose così come, bisogna far caso ai metodi di lavoro che non posso usare" mi avvertì il mio mentore.

"L'azienda mi offre gli strumenti che facilitano il business o devo usare il metodo 'porta a porta'? Perché se è così devo sprecare troppo tempo nell'andare a visitare i clienti e devo trovarne tanti quindi, forse è meglio lasciar perdere" dissi io.

"Ora ti spiegherò più in dettaglio quali domande devi fare quando qualcuno ti propone un'attività di network marketing e se la risposta a queste domande è positiva allora, puoi considerare questa azienda come un buon partner per un business duraturo e di successo per te e per la tua famiglia. Ricorda Natalia, una volta trovato il partner giusto, tocca a te cominciare a lavorare e creare il tuo futuro perché è come in un matrimonio: anche se hai trovato il partner giusto, devi fare degli sforzi, impiegare il tuo tempo e metterci impegno per avere una vita familiare felice.

Ma, lascia che ti spieghi meglio come puoi trovare l'azienda giusta per te" riprese.

Timing. Da quanto esiste l'azienda?

"Questa domanda è molto importante - disse Emanuel - e cerca di farla alla persona che ti ha presentato l'attività. Se ti è già stato detto nella presentazione, fai attenzione a questo fatto. Ora ti spiego il perché.

Come sappiamo, tutte le aziende passano tre fasi. Nella prima fase l'azienda si stabilisce e nessuno si accorge sul mercato che esiste. In questa fase l'azienda viene igNorata. La fase può durare fino a tre anni. Nella seconda fase, l'azienda viene conosciuta e se ha fatto dei buoni progressi, é anche combattuta dai concorrenti. Questa fase dura circa due o tre anni. Durante la terza fase l'azienda viene riconosciuta e rispettata. Questa, è la fase giusta per iniziare a lavorare con l'azienda. Mi spiego meglio; le statistiche dicono che più del 92% delle aziende chiudono durante i primi cinque anni di attività ed è comprensibile perché, se nella

17

prima fase l'azienda deve stabilirsi, nella seconda fase tutto è ancora più difficile perché viene combattuta. Quindi, solo dopo 5-6 anni di attività l'azienda dimostra di poter essere in grado di stare sul mercato. Ora, pensa a te come un nuovo collaboratore; in che fase della vita dell'azienda è meglio entrare?

Alcune persone pensano all'inizio. Quando qualcuno arriva da te e dice: "Wow! Siamo i primi sul mercato! L'azienda ha aperto appena un anno fa o due anni fa. Entra con me che faremo grandi soldi!"

Ma dov'è la sicurezza che l'azienda sopravviva e riuscirà a superare i primi 2 -3 anni della sua vita? E se poco dopo fallisce? Vuol dire che hai sprecato un anno o forse due della tua vita, hai messo in discussione la tua reputazione e magari, hai fatto una brutta figura con i tuoi amici e familiari. Purtroppo ho già visto molte aziende così in questi anni – ha detto Emanuel - sono venute e se ne sono andate come una stella cometa.

La vera domanda è: 'sei pronta a rischiare il tuo tempo, la tua energia, la tua reputazione oppure guarderesti con più attenzione ad altre proposte simili?" chiese.

"Starei molto più attenta" risposi io.

"Nella seconda fase - continuò Emanuel - secondo me, è ancora più rischioso entrare. Perché se l'azienda viene combattuta dai concorrenti e dai mass media allora, sarà difficile per te raggiungere il successo proprio perché il periodo per l'azienda è sbagliato. È molto difficile al giorno d'oggi cambiare l'opinione della gente, soprattutto dal momento in cui viene dettata dai mass media. Per questo, ti invito a fare attenzione se l'azienda che ti viene proposta si trova in questa fase.

Tutto cambia invece, quando l'azienda è già approvata, quando ha ricevuto dei riconoscimenti, quando fa parte di un organo di controllo come DSA (Direct Salling Association), Seldia, Avedisco o altre associazioni di controllo di qualità per le aziende del settore. In questa fase ti consiglio di entrare!

Perché se l'azienda è sopravvissuta nei primi 5-6 anni della sua attività, è già provato che è basata su principi sani, il prodotto è richiesto e il piano dei compensi è giusto. Questo significa che l'azienda gode di una buona reputazione, che forse abbia anche ricevuto qualche premio e tutto ciò aiuta anche a te. Iniziare con una azienda nel momento giusto è sempre una parte del successo. Per questo motivo, quando ti raccontano la storia dell'azienda ascoltala bene: quando è stata fondata, da quanto tempo esiste? Questo ti garantisce di non sbagliare e di non correre troppi rischi.

Un'altra cosa molto importante è il timing. Poche persone conoscono questo fenomeno. Il timing ti dice in che fase si trova l'azienda nella tua nazione. Se l'azienda esiste magari da più di 10 anni o 15 anni nel tuo paese, è probabile che il mercato sia abbastanza saturo. Se invece l'azienda ha superato i primi 5-6 anni o anche 10 anni, però nel tuo paese è nei primi 5-6 anni allora, questa è la fase ideale. Perché l'azienda è nuova e dinamica. È una novità e la gente ama le novità. Chi inizia in questa fase ha molte probabilità di raggiungere l'indipendenza economica.

Ricordati bene - ha detto Emanuel - queste due domande devono essere chiare durante la presentazione: da quando esiste l'azienda e il timing?" conclude.

La storia e la filosofia dell'azienda

"La seconda domanda che devi fare quando qualcuno ti fa una proposta di lavorare con un'azienda di network marketing è scoprire chi sono i fondatori, qual è la storia e la filosofia dell'azienda.

Perché è così importante?

19

Ti faccio un esempio della vita familiare. Quando scegli un uomo per una relazione, ti piace e le cose diventano abbastanza serie, sicuramente vorresti sapere da che famiglia proviene. Vai a conoscere i suoi genitori, dove vivono, come si comportano. Parli con loro e capisci se il background di questo ragazzo o di questa famiglia potrebbe riservarti delle brutte sorprese o delle belle sorprese. Anche scegliendo un'azienda fai attenzione e poni qualche domanda in più quando ti raccontano dei fondatori, della loro storia, dei loro background. Se è un'azienda creata da un gruppo di persone che non hanno un ottimo background nel settore, nel business o in generale, se durante la presentazione ci sono pochi fatti riguardo i fondatori, fai le tue ricerche. Guarda con attenzione che reputazione hanno i fondatori o se si tratta soltanto di un gruppo di persone che ha deciso di fare un po' di soldi. Spesso sono soldi solo per se stessi. Ricordati che scegliere un'azienda nel network marketing é come scegliere un partner nel business tradizionale o un partner nella vita. Per questo prenditi un po' di tempo e impegnati a scoprire più che puoi sui fondatori e sulla filosofia dell'azienda. Non c'è niente di male nel guadagnare soldi però, se l'azienda non ha una sana filosofia come per esempio; aiutare le persone a stare meglio in salute o essere più belli, potrebbe essere che l'azienda non duri a lungo. Ci sono questi progetti creati appositamente per guadagnare in modo veloce soprattutto nel mondo digitale però, la pratica insegna che pochissime di queste aziende sono durate più di due o tre anni. Perché tu vuoi entrare a far parte di un'azienda? Forse perché ti piace il prodotto ma, se entri come business partner sicuramente è per via del tuo desiderio di guadagnare soldi e creare una rendita passiva. Ma la rendita passiva, è possibile solo quando il progetto é a lungo termine. Se il progetto dura e paga solo due anni, non crei un guadagno residuo ma soltanto un guadagno veloce.

Riguardo alla filosofia dell'azienda un'altra cosa che potrebbe darti un buon segno è la presenza di un fondo di beneficenza. È una tra le leggi universali: devi restituire al mondo se hai ricevuto qualcosa di buono. Per questo se un'azienda ha un fondo di beneficenza è un buon segno" concluse Emanuel.

Prodotti

"Di solito un'azienda di network marketing offre prodotti o servizi molto efficaci perché devono essere venduti da persone non professioniste. È sempre comunque meglio verificare la qualità ed efficacia dei prodotti usandoli personalmente.

Quando faccio un training per le persone che vogliono raggiungere successo nel network marketing, sottolineo sempre l'importanza di usare i prodotti regolarmente".

Tornando a casa di Emanuel lui continuò:

"Per avere il successo a lungo termine devi chiederti: quali sono i prodotti e i servizi che offre l'azienda? È un prodotto trend? Può essere un buon prodotto ma se non é più di tendenza e non è più attuale, non è una buona idea per te per fare business.

Ti faccio un esempio - disse Emanuel - Hai mai visto una videocassetta?" chiese.

"Sì, ne ho ancora qualcuna a casa mia?" risposi.

"Le usi?" domandò poi.

"No" dissi io.

"Vedi, una quindicina di anni fa le videocassette erano un vero e proprio cult. Chiunque apriva punti di noleggio di videocassette e vi erano le file per andare a prendere video cassette mentre ora non ne vedi neanche più una. Per questo motivo, il prodotto deve essere trend, deve essere attuale. Cos'è un trend? Trend è un qualcosa di popolare, richiesto, potrebbe essere tutto quello che riguarda l'essere umano, tutto ciò che può aiutare la gente a essere più efficace, a sentirsi meglio, presentarsi meglio.

21

Questo sicuramente per i prossimi vent'anni sarà un TREND. Deve essere anche un prodotto di consumo perché se un prodotto è Trend ma non è un prodotto che si consuma e si riordina, per te come business partner, non è un buon business" spiegò Emanuel.

"Per quale motivo?" chiesi io.

"Perché dovrai trovare sempre nuovi clienti. Per esempio se vendi un macchinario che la persona può usare 2-3 o cinque anni, guadagni quando vendi ma più avanti, sarai costretto a cercare un altro cliente. Con il prodotto di consumo è diverso. Perché una volta acquisito un cliente e fatto una buona assistenza, non dovrai preoccuparti più di tanto perché la gente riordina questo prodotto per mesi e a volte per anni. Questa è la base della rendita.

Un altro parametro è il numero di prodotti che offre l'azienda perché, se sono tanti, sarà molto difficile al giorno d'oggi impararli e provarli tutti. Sarebbe complicato anche da proporli ad una persona perché tutti abbiamo poco tempo oggigiorno. Le persone hanno poco tempo per ascoltarci e non riescono a memorizzare tante informazioni, perché veniamo bombardati da migliaia di informazioni. Quando l'azienda offre pochi ed efficaci prodotti o servizi, hai davanti a te un'azienda vincente per fare business" disse.

"È vero - ho detto io - quando mi hai detto che l'azienda ha solo pochi prodotti, mi hai incuriosito subito perché non avevo né voglia né tempo per studiare troppo" rivelai io.

"Per esperienza personale, è meglio scegliere un'azienda che proponga prodotti trend e di consumo" affermò Emanuel.

Cosa devo fare per guadagnare?

"Quando ti presentano un'azienda di marketing - ha detto Emanuel - devi fare molta attenzione a come si guadagna. Non è facile per una persona che non ha esperienza nel network marketing capire le riposte.

Tutti dicono durante la presentazione che la propria azienda è migliore? Ma è davvero così? Verificalo! Chiedi loro da quando inizi a guadagnare. Se la risposta è "subito" è una buona risposta. Verifica che guadagnerai solo quando muoverai sul mercato un prodotto o un servizio. Non cadere nella trappola di alcune aziende che non offrono questo ed attirano la gente dicendo loro che guadagneranno soltanto invitando la gente che porta soldi attraverso l'iscrizione. Questi schemi sono illegali e sicuramente tu non vorrai fare niente che non sia legale, giusto? "Sicuramente" risposi io.

"Perfetto! Se guadagni da subito vendendo i prodotti o trovando un collaboratore, che acquisti i prodotti per uso personale o per la vendita, è del tutto legale.

Chiedi anche cosa devi fare per mantenere i tuoi guadagni. Ho lavorato anni fa per un'azienda che aveva ottimi prodotti però per guadagnare il mio assegno mensile dovevo acquistare i prodotti e possibilmente venderli per quasi 3000 € al mese. Nonostante amassi questi prodotti e mi piacessero, anno dopo anno avere i prodotti in così grandi quantità in casa mi stancava, mi intasavano il garage e mi sentivo esausto a continuare a vendere prodotti in grandi quantità.

Questo non corrisponde all'idea di creare un'entrata passiva perché, diventa un'attività di vendita e al giorno d'oggi abbiamo poco tempo e tanti prodotti sul mercato per dedicarci solo alla vendita. Chiedi alla persona che ti presenta il progetto quanti ne dovrai vendere (o che fatturato personale dovresti produrre) in un mese per mantenere i tuoi guadagni nella rete. Se è una cifra abbordabile,

23

allora è una buona azienda per te. Però se strada facendo devi acquistare sempre più prodotti per ricevere i tuoi guadagni, dovrai fare troppo sforzo per riuscire a guadagnare e probabilmente non riuscirai a guadagnare.

A questo punto chiedi anche quante sono le persone che guadagnano? Fatti dare un esempio, chiedi se la persona che ti presenta l'attività è una persona di successo o se non lo è, fatti presentare una persona di successo con la quale puoi eventualmente lavorare. È inoltre importante, nella nostra attività, avere un buon mentore.

Se le risposte che hai ricevuto sono positive: ottimo! Hai trovato la compagnia con cui veramente puoi creare il tuo futuro.

Ma vi è ancora un'ultima domanda da verificare" aggiunse lasciandomi in sospeso.

Quali sono i sistemi di lavoro?

"Chiedi inoltre, alla persona che ti propone l'attività, quali sono i sistemi di lavoro che utilizza l'azienda. Siamo tutti molto impegnati oggigiorno, il ritmo della vita è frenetico. Negli anni 80 o 90 del ventesimo secolo, quando ho cominciato io, era molto di moda chiamare la gente e fare un party in casa o invitarla ad un meeting in un hotel. Oggi è più difficile. Tutti abbiamo poco tempo, abbiamo tanto lavoro, dobbiamo condividere il nostro tempo tra lavoro, famiglia ed impegni sociali.

D'altra parte però, abbiamo Internet che, a volte non usiamo in maniera efficace ma, quando impariamo a farlo possiamo farcelo amico ed alleato nel creare il nostro business.

Informati se l'azienda possiede strumenti che ti permettano di lavorare con tante persone via Internet e se si limita a lavorare in maniera tradizionale utilizzando metodi come il 'porta a porta'. Questo dipende però, anche da te. Se sei una persona che non ama la tecnologia, potrebbe essere anche un bene per te se l'azienda non offre supporto tecnologico. Però, ricordati che la maggioranza dei nostri futuri clienti usa Internet e ama la tecnologia. Per questo motivo, verifica se l'azienda che ti viene proposta possiede sistemi per creare una rendita. Questi strumenti devono essere anche semplici da usare. Tutto deve essere semplice e duplicabile. Il punto forte del network marketing è di imparare pochi semplici passi ed insegnarli ad altre persone in modo che anche loro riescano ad insegnarli agli altri. Questo si chiama duplicazione ed è la vera chiave per creare il reddito residuo nel network marketing. Ora, cara Natalia, hai tutte le domande alla quale devi trovare le risposte per decidere se un'azienda è o meno giusta per creare il tuo futuro nel network marketing. Cerca le risposte a tutte queste domande e fai il prossimo passo" concluse il mio mentore.

Partecipa e Diventa Ricco

3
Prendi la tua decisione.

La regola d'oro delle persone di successo. Eravamo seduti nel lussuoso soggiorno di Emanuel e abbiamo parlato del successo. Ho chiesto: qual è il segreto numero uno delle persone di successo? Lui ha riflettuto per un attimo e poi mi rispose: "La regola d'oro delle persone di successo è di fare le cose entro 72 ore".

"Puoi spiegarti meglio?" - ho chiesto io –

"Si certo" - ha risposto lui.

Quando ricevi un'informazione, non è mai per caso. Questa informazione ti arriva per un motivo. Devi riflettere, devi valutare questa informazione come un'opportunità, ed entro 72 ore devi decidere cosa vuoi fare con questa opportunità? Le persone di successo lo fanno e per questo ottengono risultati sorprendenti. A volte sbagliano decisione, non importa, ma visto che hanno comunque cominciato ad agire, le azioni portano sempre ai risultati. Nella vita chi ha raggiunto grande successo non è quello che ha preso sempre le decisioni giuste ma quello che ha fatto più azioni. E ha preso più decisioni. Le persone comuni invece tendono a procrastinare. Non vogliono decidere, non si rendono conto che quando sono passate queste 72 ore, che hai ancora tutte le informazioni molto chiare è il periodo migliore di prendere una decisione e passare all'azione. Non so se ti è mai capitato di partecipare ad un corso di formazione?

"Si" - risposi io.

Eri così entusiasta, volevi cambiare la tua vita in maniera radicale! Il corso è durato sabato e domenica e poi lunedì sei andata a lavorare, avevi poco tempo! Il giorno dopo uguale. Le informazioni che hai appreso in questo corso rimangono teorie se entro 72 ore non inizi con le azioni nuove. Ti accorgi che dopo un mese la tua vita è sempre uguale e non hai fatto nessun cambiamento anche se le intenzioni erano ottime. La stessa cosa succede quando all'inizio di un anno nuovo noi facciamo dei buoni propositi. Per esempio cominciare a fare ginnastica o andare a correre ogni mattina o almeno tre volte alla settimana. Se non cominciamo a farlo entro 72 ore, sicuramente continueremo a procrastinare e forse non cominceremo a farlo per niente. Nel network marketing come in qualsiasi business questa regola d'oro vale sempre. Per questo quando hai avuto una presentazione, hai fatto le domande che ti ho insegnato, prima analizza le risposte, prendi la tua decisione entro 72 ore e agisci!

Prendi una decisione.

Nella vita è molto importante imparare come prendere decisioni, anche se spesso noi cerchiamo di evitare di prendere una decisione, avere questa abitudine è necessario. Come disse una persona saggia: "E' meglio prendere una decisione sbagliata piuttosto che non decidere affatto".

Dopotutto, se noi non prendiamo una decisione, qualcun altro la prenderà per noi. E non è ancora sicuro se apprezzeremo le conseguenze che in seguito riceveremo per la scelta di qualcun altro.

Quando hai conosciuto l'azienda, i suoi prodotti e valutato secondo i criteri che ho descritto all'inizio, riesci a capire: questa compagnia è giusta per te o no. E se lo è, in che modalità vuoi partecipare?

Puoi provare i prodotti e vedere quanto ti piacciono o utilizzare il servizio dell'azienda se si tratta di servizi, non di prodotti. Insomma puoi diventare un cliente della compagnia. Soprattutto, prendi la tua decisione. Oppure diventi un business partner.

La regola che seguono tutte le persone di successo si chiama: fai un'azione entro 72 ore! Abbiamo parlato prima di questo. Cioè, prendi una decisione, se non immediatamente, almeno entro le prime 72 ore!

Presto ti spiegherò quali decisioni puoi prendere, ma per ora facciamo un po' di pratica. Prendi un pezzo di carta e scrivi 3 decisioni delle cose da fare oggi, nei prossimi tre giorni e nella settimana successiva. Scrivilo!

Ad esempio: ho deciso di andare a letto oggi prima di mezzanotte.

Ho deciso di trovare e chiamare (scrivere) ai dieci miei compagni di scuola nei prossimi 3 giorni.

Ho deciso di non mangiare tutta la settimana dopo le ore 19:00. Cominciando da oggi! Questo esercizio sviluppa l'abitudine di prendere le decisioni.

Datti 5 minuti di tempo e fai questo esercizio. E poi vai al prossimo capitolo.

29

Decisione: no.

Esistono quattro tipi di decisioni. Ora partirò dalla prima, più negativa, ma solo a prima vista.

Richard Branson una volta disse in un suo libro di dire sempre di sì alle opportunità. Questa è davvero un'altra regola per le persone di successo, ma sfortunatamente molte delle persone non hanno successo. E non perché ci mancano i talenti o perché siamo pigri, ma semplicemente perché siamo stati erroneamente allevati. Nessuno si è preso cura di farci crescere come le persone di successo. Tanta gente addirittura non ci pensa affatto a diventarlo. Dalla nostra infanzia, le decisioni sono fatte per noi: inizialmente dai genitori, poi educatori e insegnanti, poi amici, coniugi o datori di lavoro. Pertanto, pochissime persone hanno il coraggio e l'abitudine di prendere una decisione indipendente. E anche quando la prendono, tendono a dire di no alle cose nuove e rinunciano alla possibilità di cambiare vita in meglio. Ma questa è una storia a parte.

Quindi, quando una persona ha ascoltato la presentazione e dice di no, dobbiamo senz'altro rispettare la sua decisione. In generale, la persona ha detto di No, non alla compagnia, o a noi che la rappresentiamo, ma a sé stesso, alle sue possibilità di cambiamento.

Certo, Se capisci dalle informazioni ricevute che le condizioni di cui abbiamo parlato prima, non sono rispettate, allora è giusto dire di no.

Se già ora vedi che la società non ha intenzione di fare affari a lungo termine, o se non sei sicuro della qualità dei prodotti o hai dei dubbi sul piano di compensazione o su un altro aspetto dell'azienda, allora dì di no! è un tuo diritto e nessuno ha il permesso di persuaderti. In questo caso dire di No sarà la decisione saggia.

Se invece hai risposto di sì a tutte le domande di cui sopra, allora perché dici di no? Solo perché sei abituato così? Perché hai paura dei cambiamenti?

Ricorda quando nell'infanzia ci è stato detto: non toccare questo, non prendere quello, non si può, non parlare con estranei e così via? Quindi, eravamo educati all'abitudine di dire no. A dire di no anche alle possibilità stimolanti e positive per noi.

Quindi se fai le domande giuste affrontate nel capitolo precedente e ricevi una risposta positiva a tutte queste domande, pensa bene! Non rinunciare all'opportunità per abitudine.

Il network marketing è un'opportunità unica per le persone comuni per raggiungere l'indipendenza finanziaria. Pertanto, anche se hai detto NO alla compagnia che non ritieni sia giusta per te, continua a cercare la tua opportunità" - concluse Emanuel

"Sì!" - Ho esclamato io.

Chi cerca troverà sempre!

Sì, forse è interessante, ma non ne sono sicuro. Ho ancora domande.

Certo, quando hai delle domande, va bene perché significa che ci rifletti ed hai deciso di analizzare tutto attentamente. L'unico problema è che alle volte quest'attitudine diventa solo una scusa per non prendere una decisione definitiva.

Ma tu, ricorda sempre : 'è meglio prendere la decisione sbagliata che non prenderla affatto perché, quando non prendi tu una decisione, qualcun altro la prenderà per te'" mi rammentò Emanuel.

"Questo potrebbe succedere con il tuo coniuge, il tuo capo, con i tuoi amici o parenti. E poi non dimenticare di chiederti quanto ti potrebbero davvero piacere le conseguenze di una decisione che qualcun altro ha preso per te. Ricorda, non dare mai la responsabilità della tua vita e delle tue scelte a qualcun altro. Assumiti la responsabilità di tutto ciò che accade nella tua vita.

Se nonostante ciò hai ancora delle domande specifiche, scegline tre fra le più importanti. Dì alla persona che ti ha fatto la presentazione :

"Se rispondi a queste domande, sarò pronto a prendere una decisione."

Se la persona risponde e sei soddisfatto, va tutto bene ma, se non può rispondere, chiedi di incontrare il suo sponsor o il suo mentore.

Assicurati di trovare qualcuno che possa rispondere a queste domande per te importanti e chiedi loro le risposte finali ed una volta che le hai ottenute, puoi prendere una decisione: o sì o no" concluse.

Decisione: voglio diventare cliente dell'azienda

Emanuel prese a parlare:

Decisione:

"Sì, mi è piaciuta la compagnia, ma non sono pronta a diventare un business partner. Voglio provare i prodotti come cliente".

Questa è una buona soluzione!

Primo, perché dai un'opportunità all'occasione!

Ricorda la regola delle persone di successo: 'dì sempre "Sì" all'opportunità'.

In secondo luogo, questa è una buona decisione perché il successo del network marketing dipende dal prodotto.

Se il prodotto è buono e ti ha aiutato, lo amerai così tanto che potrai consigliarlo con convinzione, amore e fiducia che aiuteranno le altre persone ed avrai molte possibilità di diventare un business-partner di successo in futuro.

Terzo, facendo tutto ciò regolarmente, un numero sufficiente di volte e con le giuste convinzioni, avrai successo.

Inoltre, la conoscenza del prodotto e l'amore per esso è la prima condizione e la condizione più importante per il successo nel network marketing" concluse per poi continuare poco dopo.

"Per molti anni della mia carriera, ho visto persone diventare clienti e ottenere risultati eccellenti utilizzando i prodotti dell'azienda. Poi i loro amici iniziavano a chiedergli come fossero riusciti ad ottenere cambiamenti così meravigliosi, e così diventavano i loro clienti o business-partner. Hanno imparato a fare questo lavoro professionalmente e l'attività crescendo é diventata una rendita. Ma, la cosa più importante è che all'inizio hanno deciso di provare il prodotto e lo hanno preso sul serio.

Questa dunque, è una decisione molto saggia. Otterrai il risultato dal prodotto, risolvi il problema e avrai in futuro tutte le possibilità di successo come partner commerciale" concluse il mio mentore.

Decisione: voglio diventare un business partner.

"Ed infine ecco l'ultima decisione : diventare business partner che, personalmente, ritengo essere la decisione migliore" esclamò Emanuel.

Perché la considero la migliore? Perché ti dai la possibilità di costruire una vita completamente nuova, bella e meravigliosa. Ti dai l'opportunità di iniziare a guadagnare denaro extra e quindi, di costruire un reddito passivo. Ti dai l'opportunità di incontrare nuove persone, acquisire nuove competenze, viaggiare per visitare nuovi posti, lavorare con altre persone. Lavorare con coloro che ti piacciono" disse.

"Oh! Questo è molto, molto interessante! " esclamai.

"Ma soprattutto" continuò Emanuel

"ti dai l'opportunità di raggiungere l'indipendenza finanziaria, che è molto importante! Come ricorderai, solo il 3% della popolazione del mondo a 60 anni è finanziariamente indipendente e libera. Il restante 97% necessita del sostegno di parenti o dello stato. Quindi, diventando un partner della compagnia giusta, ti dai l'opportunità di entrare in questo circolo d'élite.

Avrai tempo e denaro per fare ciò che ami davvero, non per pagare le bollette giorno dopo giorno, anno dopo anno.

Certo, questo è solo l'inizio e dovrai imparare molto ma, la cosa principale è che tu abbia preso una decisione di questo tipo" concluse Emanuel.

Io ho preso questa decisione sei anni fa e non me ne sono mai pentita.

Se anche tu, caro lettore, prendi una decisione del genere, leggi ulteriormente il libro e vedrai che ti aiuterà ad imparare i principi base e le abilità necessarie per il successo nel network marketing. E poi dovrai allenarti e imparare di più e raggiungerai nuove vittorie!

Se hai letto il libro fino a questo punto, ora sai già perché il network marketing è un'opportunità così unica per qualsiasi persona ordinaria per raggiungere l'indipendenza finanziaria e rendere la propria vita più soddisfacente e felice. Dopotutto, aiutiamo le altre persone e ciò porta felicità.

Se hai ancora dubbi o hai deciso di diventare cliente della società, continua a leggere, avrai più informazioni e chiarezza.

Io ringraziai Emanuel per la sua eccellente spiegazione, per il suo tempo ed iniziai il mio percorso come business partner della compagnia.

Il mio viaggio nel mondo del successo è iniziato ma, ne parleremo di più nel prossimo capitolo.

Partecipa e Diventa Ricco

4
I primi segreti di buon inizio del business.

Storia di Nora

Decisi di diventare un business partner e come consigliò Emanuel, presi i prodotti ed ottenni un risultato meraviglioso, li feci provare ai miei amici e conoscenti. Invitai amici e conoscenti ad iniziare un business con me ed alcuni iniziarono a farlo. Ma non ero molto contenta dei risultati. Mi aspettavo di più.

Volevo cambiare la mia vita in meglio così tanto, che iniziai a cercare una persona che mi avrebbe insegnato a fare affari più velocemente e in modo più efficiente. Ad un evento vidi la nostra leader europea. Era una donna di nome Nora e viveva in Svizzera. Questa donna aveva fatto una carriera strepitosa e guadagnava molti soldi.

La seguii durante l'intero evento e le feci molte domande. Scrissi tutto ciò che mi disse. La settimana seguente tenni delle presentazioni come aveva fatto lei, utilizzai il suo metodo per richiamare l'attenzione della gente. Feci tutto proprio come lei mi aveva consigliato. Iniziai subito dopo a fare dei progressi, ma questo non era abbastanza per me e quindi, decisi di andare da Nora e parlarle. La chiamai e le chiesi se avrei potuto trascorrere qualche giorno con lei per apprendere come avviare con successo la nostra

37

attività. Probabilmente fu sorpresa dal fatto che volessi andare da lei. Ma a quanto pare, avendo sentito nella mia voce un tale desiderio di raggiungere il successo, accettò.

Prenotai un albergo, presi la mia macchina e andai in Svizzera. Fu un viaggio fantastico; le maestose montagne, i magnifici paesaggi fuori dalla finestra ogni cosa attorno contribuì a rendere il tutto meraviglioso. Vidi un lago immenso, mi fermai ad ammirai la splendida vista e mi godetti il momento. Presto arrivai alla villa dove Nora viveva con suo marito. Ero molto agitata. Suonai il campanello del cancello di ghisa, il portone si aprì e mi avviai con la mia macchina verso il meraviglioso cortile. Mi salutarono cordialmente, bevemmo caffè e ci sedemmo nell'ampio soggiorno per parlare. Il soggiorno era arredato con grande gusto. Eleganti divani morbidi realizzati in pelle bianca, tappeti antichi, vasi cinesi. Ma la cosa più sorprendente era il tavolo da lavoro di Nora con uno schermo enorme e una magnifica vista sul lago.

Sorrisi e con un lieve sospiro dissi

"Sarà un piacere lavorare in questa atmosfera". Nora ricambiò il sorriso.

"Tesoro, hai anche tu l'opportunità di guadagnare tanti soldi e vivere in una bella casa. Dopo tutto, capirai che non è sempre stato così. Anch'io ho iniziato molti anni fa come un novellino in questo business. Ero un'impiegata in un'istituzione statale. Una mia amica mi aveva invitata ad andare ad una riunione una sera ed io vi presi parte per la compagnia. Vidi una donna anziana sul palco che diceva di aver guadagnato molti soldi, ma non credevo che potesse davvero essere così.

E quando il conduttore dell'evento ci chiese: 'Chi tra di voi vuole guadagnare $ 1.000.000? ' vidi che diverse persone avevano alzato la mano.

Io però, essendo timida non lo avevo fatto.

"Chi di voi vuole vivere in una bella villa?" continuò.

Allora io timidamente alzai la mano.

Per qualche ragione venne proprio da me e mi chiese:

"Credi che vivrai in una bellissima villa?"

"No" risposi con voce bassa.

Sospirò e disse: "Non preoccuparti. Se non ci credi, allora non ci vivrai!"

Lo guardai con gli occhi tondi, disse Norah, questa frase mi attirò.

Non riuscivo a capacitarmi di come, quella semplice anziana sigNora guadagnasse un sacco di soldi e si potesse permettere di vivere magnificamente in una villa, ed io no.

L'indomani chiamai la mia amica che mi aveva portata alla presentazione e le chiesi di spiegarmi come funzionava e lei disse che era una nuova arrivata e che solo Thomas avrebbe potuto spiegarmi meglio. Era l'uomo che aveva condotto la presentazione. Così incontrai il mio mentore e futuro marito " disse Nora.

"E mi ha insegnato tutto ciò che so su questa professione" aggiunse.

Fu tutto molto toccante per me.

"Bene, ora basta chiacchierare" disse Nora.

"Torniamo agli affari".

"Quali sono i primi passi che hai intrapreso come business-partner quando hai iniziato l'attività?

Quando iniziamo questo business ci sono diversi passaggi che devi seguire per avere successo che poi dovrai ripetere ancora e ancora. Ora te li spiegherò" disse.

Trova il tuo "Perché" e scegli il tuo obiettivo

"E quanto vuoi guadagnare?" chiese Nora.

"Il più possibile" risposi. Lei sorrise.

"No, non funzionerà. Senti, quando vai in vacanza, non dici a te stesso: "Andrò in vacanza, andrò da qualche parte" disse.

"Certo che no" risposi.

"Pianifico sempre una vacanza" aggiunsi "cerco sempre un posto bellissimo sul mare, in un hotel e cerco sempre di avere la pensione completa" spiegai.

"Quindi tu pianifichi dove andrai e logicamente anche in che periodo andrai, giusto?" chiese conferma Nora.

"Poi pianifichi le condizioni in cui vuoi vivere per sapere quanto costerà, vero?" aggiunse.

"Sì, esatto!" confermai io.

"Per qualche motivo molte persone pianificano le loro vacanze con molta serietà ma, quando si tratta di guadagni, specialmente nel network marketing, dicono solo: "Voglio guadagnare di più". Questo non è un criterio. Quanto in più? Forse guadagnerai un euro in più o € 10 in più. Ma non stai iniziando il nostro business per questo, giusto?" mi fece riflettere.

"Va bene, ho capito, vorrei guadagnare almeno € 300 il primo mese" dissi "e dopo 6 mesi, vorrei che i miei guadagni aumentino di 6 volte. Vorrei guadagnare 1800 € al mese e dopo un anno raddoppiare questa cifra. Pensi ci riuscirò?" chiesi.

Al che Nora rispose: "Non posso darti garanzie sul fatto che tu guadagnerai questi soldi. Ma se lavori, se segui i passaggi che ti insegnerò e lo farai attivamente e regolarmente, hai tutte le possibilità di realizzare il tuo piano.

Dimmi solo se ti sei chiesta perché hai bisogno di € 1.800 o € 3.600 al mese? Credo di no o se lo hai fatto sicuramente non sarà stato il modo giusto perché il nostro cervello non percepisce il denaro in numeri ma in immagini. Se hai bisogno di € 1800, ad esempio potrebbe essere per acquistare una nuova auto e questo sarebbe un buon obiettivo. Che tipo di macchina vorresti? Puoi scegliere una foto di questa macchina, scoprire esattamente quanto costa e magari deciderne anche il colore? Ti consiglio persino di andare al concessionario, scegliere una macchina simile, sederti in questa macchina, magari fare un giro di prova in modo che i tuoi desideri siano supportati non solo dalla logica, ma anche dalle sensazioni e dai sentimenti" mi consigliò.

"Sì mi piacerebbe davvero comprare una macchina, e mi piacerebbe anche molto viaggiare. Vorrei visitare l'America e l''Australia" affermai.

"Fantastico" disse Nora.

"Inizia a scrivere i tuoi sogni come un piano. Scrivi: 'Guadagno questo mese (annota il mese e l'anno) 300 € in più. Guadagno nel network marketing in sei mesi (metti la data) 1800 € e mi compro una macchina (marca, modello, colore e quanti più dettagli possibili).

Poi dopo un anno (metti la data), guadagno € 3,600 in più e vado in America. Specifica il luogo in cui vuoi andare, cosa visitare, ecc. Trova su Internet le foto di ciò che vuoi comprare o dove andare grazie ai guadagni aggiuntivi. Mettile sul desktop del tuo computer e del tuo tablet. Tutto deve essere reale e attraente in modo che il tuo subconscio inizi a lavorare per i tuoi obiettivi. Quando hai obiettivi chiari è molto più facile raggiungerli. Scrivili su carta e lasciali in diversi posti che vedi sempre. Ogni mattina e ogni sera, fermati e leggi i tuoi obiettivi. Prova a visualizzarli. E ogni mattina decidi cosa vuoi fare per realizzarli. Di sera, pensa e scrivi ciò che hai fatto durante la giornata per realizzare questi obiettivi.

Fallo regolarmente, lascia che diventi un'abitudine. Inizialmente, non è facile. Ma lascia che i tuoi obiettivi ti portino a un lavoro regolare e attivo.

E ci riuscirai! " concluse. Nora mi diede una piccola pacca sulla spalla.

Sul mio sito web www.connectandgrowrichbook.com troverai un modulo con cui puoi fare una lista dei tuoi obiettivi. Scaricalo e annota i tuoi obiettivi.

Sii convinto al 100%

Nora prese a conversare:

"Cosa pensi Natalia, qual è la cosa più importante per avere successo nella nostra attività?"

Riflettei un attimo e poi risposi: "Penso che sia importante conoscere molte persone e conoscere bene i prodotti".

"Sì! - sorrise Nora - tutto questo è importante ma, la cosa più importante è che tua sia convinta al 100% che la tua azienda, i tuoi prodotti, il tuo piano aziendale e il tuo servizio siano i migliori. Si chiama motivazione" disse.

Ricordo questa conversazione con Nora, quando lavoro con partner commerciali o semplicemente consiglio le persone che iniziano quest'attività. Spesso mi fanno questa domanda. E a mio parere, essere motivato e convinto è la cosa più importante.

"Se sei convinto, motivato, preparato e parli con entusiasmo del tuo prodotto, venderai molto e avrai molti nuovi partner commerciali.

Se stai provando ma non ci riesci, chiediti: "Hey, ma sono sicuro al 100% che quello che offro sia il meglio?" Per avere successo nel nostro business, non basta amare il prodotto e conoscerlo; è necessario conoscerne tutti gli aspetti positivi, capire perché è migliore di altri prodotti. Inoltre, devi essere sicuro della tua azienda, del piano aziendale e del servizio.

Hai bisogno di innamorarti del tuo progetto!

Sei mai stata innamorata?" chiese Nora.

"Sì" risposi.

"Ricorda come hai parlato, come hai pensato del tuo prescelto. Come i tuoi occhi brillavano, come tutte le sue qualità erano eccellenti, come era il migliore e sapevi perfettamente perché era così! Nel nostro settore è più o meno lo stesso. Per avere successo, devi innamorarti del tuo prodotto, della tua azienda, del tuo business plan e del servizio che offri. Questo non deve succedere una sola volta. È necessario come nelle relazioni, mantenere vivo questo sentimento e rinnovarlo sempre. Devi cercare costantemente quali sono i vantaggi del nostro prodotto rispetto ai prodotti della concorrenza, quali sono i punti di forza della tua azienda? Qual è la forza del tuo piano di compensazione? Qual è la forza del fatto che Tu venda questi prodotti e offra servizi ai tuoi clienti?

Conosco partner commerciali che ci provano senza riuscirci. Sanno come chiamare le persone, come invitare, come fare una presentazione e, di questo ne parleremo presto - disse Nora - ma, queste persone non hanno successo. Con un'attenta analisi capiamo che queste persone hanno perso l'entusiasmo iniziale.

Ricorda quindi, insieme alle competenze che ti insegnerò, che la condizione più importante per il successo è una forte fiducia nel tuo prodotto, nell'azienda e nel suo progetto.

Tutto ciò ti renderà forte, ti porterà al successo e nessuno potrà fermarti" concluse.

Ora caro lettore, facciamo un esercizio.

Siediti e pensa ai punti di forza del tuo prodotto, della tua azienda, del tuo piano aziendale e del servizio; prendi un foglio e scrivi 40 caratteristiche.

Datti 15 minuti, scrivi queste 40 caratteristiche e poi pensa a ciascuna di esse e come puoi giustificarle.

Queste caratteristiche, saranno la base della tua convinzione e del tuo successo.

Puoi trovare e scaricare alcune di queste caratteristiche nel mio sito: www.connectandgrowrichbook.com.

Giusto per darti un'idea. Gli altri creali te. Ti aiuteranno a guadagnare una fortuna.

Usa il prodotto e crea la tua storia

Come ricorderai, è molto importante che i nostri prodotti siano efficaci e, molte aziende nel Network Marketing hanno ottimi prodotti. Il problema è che questi prodotti non sanno parlare, quindi noi, siamo pagati proprio affinché possiamo trasmettere informazioni sull'utilità di questi prodotti ai nostri clienti e futuri partner commerciali.

Inizia ad utilizzare il prodotto o il servizio che offrirai fin da subito.

Quando parlo alle presentazioni o ai convegni ed incontro persone di successo da tutto il mondo, tutti dicono prima di essersi innamorati del prodotto.

Dunque, utilizza regolarmente il prodotto, osserva attentamente i miglioramenti apportati dal prodotto. È meglio scriverlo, pensarci su e crea la tua storia" consigliò Nora.

"E qual è il miglior modo di raccontare la propria storia?" chiesi.

44

"Guardiamo insieme la tua storia" rispose invitandomi ad iniziare il mio racconto.

"Io sono export manager, quindi, viaggio molto per lavoro. Ero arrivata a sentirmi molto stanca, stressata e non dormivo bene di notte. Un amico mi consigliò di provare dei prodotti e nel giro di una settimana iniziai a sentirmi meglio e molto più energica. In un mese la stanchezza svanì totalmente ed ora mi sento più forte e dormo anche molto meglio. Anche il mio aspetto fisico è migliorato: la pelle i capelli. Dopo un po' inoltre, iniziai a ricevere numerosi complimenti. Le amiche mi dicevano e dicono tuttora: 'Ti vedo molto bene! Hai una faccia così radiosa! Cosa stai usando?" le dissi.

"Bene!" esordì Nora. "Hai ottenuto un bel risultato.

Ora immagina di essere stata invitata ad una presentazione e vuoi raccontare la tua storia, ricordane i dettagli più salienti. Dí il tuo nome, il luogo in cui vivi, la tua età se vuoi. Parla del tuo problema iniziale, dì da quanto tempo usi questi prodotti e quali cambiamenti si sono verificati. La storia deve essere breve ed emozionale.

Ora prova:

"Mi chiamo Natalia, ho … anni ed abito a Bolzano (Italia). Io sono un export manager quindi sono costretta a viaggiare molto per lavoro. Ero arrivata a sentimi molto stanca, stressata e non dormivo bene di notte. Un amico un giorno, mi consigliò di provare i prodotti della compagnia… Ho inizio ad usarli e nel giro di una settimana ho sentito molta più energia nel mio corpo. In un mese la stanchezza è svanita del tutto e ora mi sento forte e dormo molto meglio. Anche il mio aspetto fisico è migliorato: il tono muscolare, la pelle ed addirittura i cappelli. Ho iniziato a ricevere numerosi complimenti. Le mie amiche mi chiedono: "Ti vedo molto bene! Hai una faccia così radiosa! Cosa stai usando?"

Grazie all'azienda ... per i prodotti eccellenti che offre' concluse l'esempio.

"Ho capito" dissi.

"Sarebbe ancora meglio," disse Nora "se tu, prima di iniziare a prendere i prodotti, descrivessi le tue condizioni. Ad esempio; se ti senti stanca, non dormi bene, hai qualcosa di dolorante. Ti consiglio di fare una foto. Perché spesso le persone cambiano molto. Ma, dal momento che vediamo noi stessi tutti i giorni, non ce ne accorgiamo. È molto efficace usare le immagini prima e dopo quando si lavora con prodotti per il controllo del peso, la bellezza e la cura della pelle. Pensa a quante persone puoi aiutare, tutti coloro che potrebbero avere il tuo stesso problema.

Ascolta attentamente, quando incontri persone che hanno avuto un buon risultato dal prodotto, raccogli queste storie! Questo sarà il tuo capitale. Puoi sempre raccontare una storia che si adatta meglio al tuo potenziale cliente o business partner.

È molto importante che né tu né i tuoi clienti usino certe frasi nella loro storia: il prodotto mi ha curato di ... o grazie al prodotto che sono guarito da ... I nostri prodotti non sono medicinali, non curano. Forse gli ingredienti che contengono, aiutano le persone a ritrovare l'equilibrio nei loro corpi, ma non abbiamo il diritto di dire che questi prodotti hanno curato qualcuno da una malattia. Questo è molto importante!

Ricorda che nel network marketing vendono molto le storie e la gente ama ascoltare storie!" mi spiegò.

"Meraviglioso!" dissi.

Ciò, significa dunque che la cosa principale è usare il prodotto e creare la tua storia.

E ora, cari lettori, prendete un quaderno, mettete un cronometro per 15 minuti e scrivete la vostra storia.

Puoi trovare e scaricare l'esempio della tua storia nel mio sito: www.connectandgrowrichbook.com

Come reagire ai No?

"Voglio avvertirti su una cosa importante" disse Nora per poi proseguire.

"Nella nostra attività, come in qualsiasi attività commerciale, avrai giorni buoni e giorni meno buoni. A volte le persone dicono di 'no'. Nel corso della mia carriera ho ricevuto molti 'no'. Qual è la differenza tra me e le persone che non sono riuscite nel nostro business? Il segreto è l'aver ricevuto molti 'no' ma nonostante ciò, l'essere stata capace di continuare a lavorare ed agire. Ho analizzato i miei errori, ho chiesto alla gente perché si rifiutavano e non mi sono mai fermata! Molte persone che non hanno raggiunto il successo nel network marketing, dicono che questo business non è per loro, che non hanno le abilità per questo o che il sistema non funziona. Conosco un sacco di persone in tutto il mondo che, avendo trovato l'azienda giusta, hanno iniziato a lavorare nel momento giusto (timing) e, utilizzando i metodi che ora ti insegnerò, hanno raggiunto un enorme successo ed indipendenza finanziaria. Per questo, so per certo che la nostra attività funziona e, quando analizzo le storie di queste persone, vedo che tutte inizialmente erano persone comuni. Ognuno di loro era un insegnante, un lavoratore, uno studente, un pensionato e così via. Non avevano conoscenze specifiche, talenti o abilità. Avevano il desiderio di realizzare i loro sogni. Amavano il prodotto, l'azienda e hanno imparato questo business. Ma la cosa principale, che probabilmente li accomuna, è la loro perseveranza ad andare verso l'obiettivo nonostante i 'no' ricevuti. Una volta - iniziò a raccontare Nora - ho parlato con un leader di grande successo e mi ha detto come fosse riuscito a sviluppare la resistenza ai 'no' che riceveva.

Immagina la situazione: hai preparato una pietanza meravigliosa ed un amico è venuto da te. Vorresti davvero mangiare e vorresti che il tuo amico mangiasse con te. Il piatto ha un bell'aspetto, ha un buon profumo, sei sicura che sia buonissimo ma, il tuo amico si rifiuta perfino di assaggiare dicendo che ha appena mangiato. Non ti offenderai e non deciderai di non invitarlo di nuovo? O non cucinerai mai più? Suppongo di no. Dici solo: 'Beh, non importa'. Lo stesso accade con il nostro business. Quando presentiamo la nostra opportunità o i nostri prodotti ad amici, conoscenti, parenti e per qualche motivo, loro ci dicono di 'no', noi non dobbiamo essere offesi o arrabbiati. E tanto più non dobbiamo smettere di fare affari o iniziare a dire che il business non funziona o qualcosa non va in noi.

Probabilmente, la persona che ha rifiutato, avrà avuto le sue ragioni. Forse sarà stato molto occupato o non ha capito l'opportunità. Forse una volta ha tentato di lavorare nel network marketing e non ha raggiunto il successo. Forse faceva parte di una compagnia sbagliata o non gli è stato insegnato come lavorare. Forse qualcuno gli ha parlato delle sue brutte esperienze o forse una persona ha solo problemi a casa o al lavoro e, al momento della proposta, non può pensare a nient'altro. Possiamo chiedere ad una persona la ragione del suo rifiuto ma, dobbiamo anche imparare ad accettare un 'no' con calma, per salire ai vertici della nostra carriera. Questo è molto importante.

Se una persona inizia a criticare la possibilità del network marketing, raccontare brutte storie, scoraggiarti dal fare affari, fermarlo. Sii gentile ma fermalo!

Digli: "Capisco il tuo punto di vista. Mi dispiace molto che a te sia successo questo ma, abbiamo un'azienda completamente diversa quindi, so che ci riuscirò. Come sta tuo figlio? e cambia argomento" mi suggerì.

"Non permettere a nessuno di convincerti che la società, il business o il prodotto non siano ottimi come credi. Ricorda cosa ti ho detto della regola principale del successo. Sii convinto al 100%! Non permettere a nessuno di ridurre la tua sicurezza. Rinforzala costantemente. Impara ad accettare i 'no' ed otterrai molti 'sì'. Analizza i motivi del rifiuto e prova la prossima volta a rendere l'invito migliore. Ma non lasciare che le risposte 'no' ti fermino e non ci sarà fine al tuo successo!" concluse Nora trasmettendomi l'energia che aveva nel dire tutto ciò.

Partecipa e Diventa Ricco

5
I tuoi prossimi passi.

Usa il prodotto e conoscilo bene

Ci sedemmo nell'ufficio di Nora, guardammo il lago e lei mi spiegò le basi del business.

"Ora ti spiego che dovrai fare sin dall'inizio, passo dopo passo. Ricorda queste azioni, eseguile regolarmente e insegnale ai tuoi nuovi partner commerciali. Tutto ciò ti aiuterà a costruire un business stabile e forte. La prima condizione per avere successo nella nostra attività è quella di usare i prodotti che vendi ogni giorno. Questo è molto importante perché il segreto più importante del successo, come ti ho già detto, è quello di essere sicuro del tuo prodotto, della tua azienda e della tua attività. Devi diventare il tuo miglior cliente. Dovresti conoscere il tuo prodotto come nessun'altro. Leggi tutto ciò che riguarda il prodotto, guarda i video, trova le recensioni dei clienti. Colleziona le loro testimonianze!" mi invitò a fare per poi riprendere il suo discorso.

"Ogni volta che incontro persone ai convegni e sento storie incredibili su come il prodotto le abbia aiutate, scrivo queste storie. Se possibile, mi avvicino a questa persona e ci parlo, prendendo il loro numero o il loro contatto Facebook. Quindi, se dovessero capitarmi potenziali clienti con gli stessi problemi, ho già una persona che può raccontar loro del suo risultato e aiutarmi nella vendita del prodotto. È importante utilizzare il prodotto anche perché dobbiamo essere sicuri al 100% del prodotto. Se abbiamo scelto un prodotto che può essere ordinato ogni mese, come possiamo dire ai nostri clienti: 'ordina di nuovo il prodotto' se non lo facciamo noi stessi? Prima di tutto, dovremmo essere un buon esempio per noi stessi, per i nostri clienti e per i nostri partner commerciali. Quando usi regolarmente il prodotto, la tua fiducia aumenta. Puoi creare una storia eccellente sui risultati che il prodotto dà, scattare foto del prima e del dopo l'utilizzo del prodotto. Registra tutte le tue sensazioni, i miglioramenti e condividili con i tuoi amici e conoscenti.

Ricorda la regola numero uno: "usa, ama e studia il tuo prodotto!" concluse Nora.

Mantieni il contatto regolare con il tuo sponsor (upline)

Il giorno dopo, quando tornai da Nora, lei era in video chat con qualcuno su Skype. Mi fece cenno di sedermi sul divano ed attendere.

Parlavano tedesco, ma capii che Nora stava istruendo una nuova collaboratrice. Era una giovane donna di nome Martha. Nora le spiegò l'importanza di essere convinta del prodotto, della società, del business e di se stessa. Spiegò alla ragazza il valore dell'utilizzo regolare dei prodotti e di creare la sua storia.

Avvertì inoltre Martha di non perdersi d'animo ricevendo i '"No". Poi concordarono il prossimo meeting via Skype lo stesso giorno dopo pranzo dal momento che la ragazza doveva fare qualche compito. La chiamata finì e Nora mi salutò cordialmente.

"Bene - mi disse - hai già visto ciò che faccio e consiglio di fare ai miei collaboratori. È buono incontrarsi e comunicare con il proprio sponsor regolarmente.

Anche se il tuo sponsor o upline vive lontano, questo non è un problema. Ora molte persone fanno affari di successo attraverso Internet, comunicando tramite Skype e altre applicazioni. La cosa principale, è ricordare che il tuo sponsor è la persona che vuole aiutarti ed è interessato al tuo successo. Quindi, cerca di unire le forze con lui/lei ed usare le sue conoscenze. Se il tuo sponsor non ha molta esperienza, prova comunque a lavorare con lui e trovate insieme la persona della tua organizzazione upline che vuole aiutarvi. Ricorda, come ha detto Helen Keller: 'Da soli possiamo fare così poco; insieme possiamo fare così tanto'.

C'è una regola d'oro del network marketing:

"cerca sempre di edificare il tuo sponsor al meglio ma ora, ti spiegherò come funziona" disse vedendomi un po' perplessa.

"Le prime persone con cui parlerai di una nuova opportunità e dei prodotti saranno i tuoi amici, parenti e conoscenti. Queste persone ci vogliono bene e ci amano. Loro però, ci conoscono come un bravo ragazzo o una brava ragazza e, non come un esperto in affari o prodotti. Pertanto, a volte può risultare difficile per loro credere a quello che stai dicendo. Se presenti il tuo sponsor come esperto di affari e prodotti e dici buone parole con grande rispetto per lui, i tuoi amici si fideranno di te e lo ascolteranno con grande attenzione e rispetto. Perché si fidano di te. È così che funziona la psicologia. Questo è il motivo per cui molte personalità di spicco hanno sempre degli assistenti che li rappresentano. Quando fai le tue prime presentazioni, prova a presentare il tuo sponsor con le migliori parole. Esercitati e pensa alle tue parole in anticipo:

"Voglio presentarti una persona di grande successo, ha guadagnato molti soldi, ha lavorato con successo nel mondo degli affari per molti anni, ha aiutato così tante persone, ecc. ..."

Quindi dai la parola allo sponsor e falli parlare con quest'ultimo. Lascia che la regola della terza parte funzioni. I tuoi conoscenti e amici ascolteranno con grande attenzione questa persona autorevole ed il risultato sarà migliore. Naturalmente, alla fine della presentazione, chiedi al tuo amico: "iniziamo insieme?" Oppure: "nonna, per favore acquista un prodotto da me". La tua partecipazione è necessaria.

Ma, lascia che il tuo sponsor 'lavori' per il tuo successo, fidati di lui e fai squadra con lui o lei. Oggi pomeriggio vedrai come facciamo" disse Nora.

Crea la lista dei contatti

"Ora ricorda la regola d'oro del successo nel business" sorrise Nora.

"Lo so, lo so! - esclamai io - Fai le azioni nelle prime 72 ore" affermai.

"Ben fatto! - disse Nora - non appena hai deciso di avviare l'attività del network marketing, inizia immediatamente a utilizzare il prodotto, chiama il tuo sponsor e fissa un appuntamento. Incontrati (anche tramite Skype) con lo sponsor e inizia a lavorare con il tuo capitale" mi consigliò.

"Con il mio capitale?" chiesi rimanendo sorpresa.

"Sì, ognuno di noi - iniziò a spiegare Nora - ha il suo capitale: persone, contatti, relazioni che abbiamo costruito durante la nostra vita e continuiamo a costruire. Ogni persona media ha circa 300 nomi nella sua rubrica telefonica. Se sei abbastanza giovane, potresti avere qualche nome in meno ma, probabilmente hai molti contatti su Facebook. Certo, stiamo cercando per il nostro business persone socievoli, aperte, positive, che abbiano molti contatti e che abbiano una buona reputazione ma, di questo ne parleremo più tardi. La cosa principale ora è iniziare a creare la tua lista di contatti. Prendi un nuovo quaderno appositamente per questo e inizia a scrivere i nomi di tutte le persone che conosci. Annota anche il numero di telefono, l'email o il contatto Facebook. Insomma, come puoi comunicare con la persona. Indica la sua età, la sua professione, il motivo per cui vi conoscete. Ad esempio, un amico o un ex collega. Pensa ai membri della famiglia di questa persona che conosci e scrivi i loro nomi in modo da non dimenticarli. Rifletti su come puoi trovare i contatti di queste persone, puoi farlo anche in un secondo momento. Per ogni persona possono esserci 5-7 membri della sua famiglia. Pensa a questo potenziale!

Prima scrivi i tuoi parenti più stretti, poi gli amici e i conoscenti. A volte, le persone sono imbarazzate nel contattare le persone più vicine perché pensano di non voler vendere i prodotti ai loro parenti e amici. Ma questo è l'approccio sbagliato. Pensa; a cosa ti può portare il network marketing? Libertà, benessere, salute e aspetto migliore, giusto?" chiese conferma.

"Sì, certo!" risposi.

"Questo è un vero tesoro" disse Nora.

"Sono d'accordo" replicai.

"Quindi perché alcune persone sono imbarazzate a condividere la nostra opportunità con i propri cari? Se avessi trovato un tesoro nel tuo giardino e avresti dovuto scavare il terreno per portarlo in superficie, da chi saresti andato prima di tutto per chiedere aiuto? Dalle persone che conosci, di cui ti fidi e che si fidano di te o fermeresti uno sconosciuto per strada?" domandò.

"Certo, andrei dai miei familiari e amici più cari" risposi sinceramente.

"Lo stesso vale nella nostra attività. Dobbiamo condividere il nostro tesoro prima con le persone più vicine e poi, loro decideranno se vogliono prendere questo tesoro o meno.

Non dovresti inoltre decidere per altre persone" mi istruì.

"Cosa significa?" chiesi.

"Beh, per esempio quando pensi:

"No, non voglio parlare con questa persona, già guadagna molto". In realtà, siamo troppo timidi per parlare con persone che hanno più successo di noi. Ma, spesso può succedere che questa persona voglia guadagnare di più o non abbia abbastanza tempo per stare con la sua famiglia. Tu, hai l'opportunità di fare in modo che guadagni ancora di più e che abbia più tempo da passare con i suoi cari, dunque, non farti condizionare e non scegliere a priori" mi suggerì.

Quindi, entro le 72 ore dal momento in cui hai preso una decisione, prendi un quaderno, il tuo telefono e inizia a scrivere tutte le persone che conosci per condividere con loro il tesoro che hai appena trovato.

Puoi trovare e scaricare un esempio di come creare una lista di persone sul mio sito web www.connectandgrowrichbook.com.

Qualifica i tuoi contatti

Mi sedetti sulla terrazza di Nora e presi a scrivere i miei contatti. Passò un'ora e scrissi la maggior parte dei miei contatti, anche se molti erano ancora nel telefono. Nora, che aveva appena finito una conversazione via Skype con Martha, si avvicinò e mi chiese: "Come stai?"

"Bene, e cosa faremo con i miei contatti? " replicai.

"Ora - disse - classifichiamo le persone nella tua lista. La prima categoria: potenziali clienti. Pensa ai vantaggi che il nostro prodotto offre ai clienti. Ora passa attraverso la tua lista e segna con una lettera P le persone che possono avere qualche tipo di problema di salute, di energia o vitalità. P significa prodotto e queste persone possono essere i tuoi potenziali clienti.

Ora pensa con chi ti piacerebbe lavorare?" aggiunse.

"Con persone positive, professionali, divertenti e interessanti" ho risposto.

"Ora pensa alle persone nella tua lista che vorrebbero fare soldi, che hanno molti contatti, che parlano diverse lingue. E poi anche di coloro che amano viaggiare, che sono aperti mentalmente o che hanno già lavorato nel network marketing. Queste persone possono essere i nostri partner commerciali. Dunque, metti di fronte a loro la lettera B (business)" disse.

Sono rimasta sola e ho messo rapidamente queste lettere sulla mia lista.

"Poi - disse Nora - qualificheremo le persone con cui vorresti lavorare. Ce ne sono tra loro di migliori o peggiori di te secondo alcune caratteristiche?" mi chiese.

"Certo, perché tutte le persone sono diverse" affermai in risposta.

Nora sorrise e poi riprese a parlare: "Bene. Con chi preferiresti lavorare?"

"Con quelli migliori di me" replicai.

"Questa è una decisione saggia. E ora vediamo quale dei tuoi amici ha la valutazione più alta. Cerca di mettere i punti ai tuoi amici da 1 a 10. Il punteggio più alto sarà dato alle persone con caratteristiche di cui abbiamo appena parlato: apertura a nuove cose, atteggiamento positivo, tanti contatti, anche all'estero, l'esperienza nel network marketing e così via. Più caratteristiche simili ha una persona, maggiore è la sua valutazione nella nostra qualificazione. Se questa persona è negativa, con la coscienza di un uomo povero che si lamenta costantemente, la sua valutazione sarà molto bassa. Non mi piacerebbe lavorare con gente del genere - disse Nora - probabilmente anche a te. Ma questa persona può comunque essere informata. Perché potrebbe non essere pronta per la nostra opportunità o per il nostro prodotto, ma potrebbe conoscere qualcuno e indicarti questa persona" aggiunse.

"Non hai bisogno di concentrarti su persone negative, non convincere nessuno, basta dare informazioni. Ora, inizieremo a contattare le persone con il punteggio più alto. Queste persone sono in genere, più aperte a tutto ciò che è nuovo, vogliono provare un prodotto o avviare una nuova attività, provare una nuova opportunità. Per tutto questo, è molto importante includere tutti i tuoi amici nell'elenco delle persone e qualificare questo elenco" concluse Nora.

Puoi trovare e scaricare sul mio sito web

www.connectandgrowrichbook.com

l'elenco delle caratteristiche che determinano l'alta valutazione dei contatti presenti nella lista.

Invita, invita, invita

"Bene, quando avrai scritto e qualificato il tuo elenco di contatti, inizieremo il lavoro più importante che un nuovo partner commerciale dovrebbe fare: invitare persone. Hai mai organizzato una festa o invitato degli amici ad una cena?" mi chiese Nora.

"Naturalmente" risposi.

"Faremo lo stesso ora. Di solito come inviti gli amici?" domandò.

Molto semplicemente replicai: "Ciao, come stai? Sei libero venerdì sera? Andiamo a mangiare una pizza insieme e facciamo due chiacchiere?"

Al tempo vivevo in Italia dove il passatempo più popolare era uscire a mangiare una pizza.

Nora rise: "Verrei immediatamente!

Ad ogni modo, è proprio così che si devono invitare le persone alla presentazione del prodotto o dell'azienda. Molti nuovi distributori sono così entusiasti del nuovo progetto e vogliono ottenere un risultato subito che, iniziano a chiamare i loro amici e a spiegar loro per telefono il progetto o il prodotto. Questo non deve essere fatto! Il nostro compito è di invitare una persona in modo che trascorra un po' di tempo con noi e venga informato del progetto o del prodotto. È meglio inoltre, se questo viene fatto da una persona che sia esperta perché, le persone ascoltano gli esperti molto più attentamente dei loro amici o parenti. Presto ti mostrerò come invitare. La cosa principale è concordare in anticipo con il tuo sponsor dove e quando vuoi invitare le persone. Come ha detto Brian Tracy, un noto business coach: 'Conosci il tuo obiettivo inizialmente'. Quale dovrebbe essere lo scopo della tua chiamata? Vendere un prodotto? No! Trovare un nuovo socio in affari? No! Lo scopo della tua chiamata è un invito a una presentazione, un webinar o un incontro con il tuo sponsor (anche via Skype). Lì, al tuo potenziale cliente o partner verrà detto tutto sul progetto, sul prodotto e sul business. Non trasformare l'invito in una presentazione. Cerca di fare quanti più inviti possibili. Questo ti aiuterà a diventare un vero maestro. Prendi come esempio gli atleti professionisti che, ottengono risultati eccellenti non solo perché hanno notevoli capacità ma, perché trascorrono molto tempo in allenamento. Lo stesso vale per il nostro business. Per migliorare l'abilità di invitare le persone, devi allenarti.

Quindi "invita, invita, invita!" suggerì concludendo Nora.

Come invitare le persone?

"E ora ti dirò come invitare le persone" mi disse Nora.

"È molto semplice. Ci sono alcune regole da seguire. Ti consiglio di avere sempre uno script con te" affermò e mi consegnò un foglio.

Puoi trovare un esempio di script- invito sul mio sito

www.connectandgrowrichbook.com

E secondo le regole che Nora mi ha insegnato, puoi creare il tuo script.

"Quali sono?" domandai io.

"Chiama sempre con grande energia, in uno stato d'animo entusiasta e sii un po' emozionato e sempre di fretta. Metti in chiaro che hai pochissimo tempo ma, quello che stai dicendo è molto importante. È meglio effettuare chiamate stando in piedi, usando gli auricolari così, da avere anche la possibilità di gesticolare, a volte aiuta. Ci sono diversi step da seguire che ora ti illustrerò come un elenco numerato.

1) Ciao (nome dell'amico). Sono (il tuo nome).

Perché è importante dire anche il tuo nome?

É molto spiacevole quando qualcuno ci chiama e non riconosciamo la persona dalla voce e, questa persona continua a parlare non dicendo chi sia. Questo crea imbarazzo. Dunque, è meglio pronunciare immediatamente il tuo nome.

2) Come stai? Come sta la tua famiglia? Come stanno i bambini? Il cane? Com'è il lavoro? Va tutto bene?

Questo è il cosiddetto small talk. Qui, diamo alla persona un po 'di tempo per condividere le novità con noi. Qual è il suo umore, come sta? Perché se è malato magari influenzato e ci ha risposto quasi senza forze allora, non ha senso invitarlo ora alla presentazione e raccontargli del nostro business meraviglioso in quel momento. Sarà sufficiente dire che ci dispiace per lui, augurargli una pronta guarigione e dire che non appena gli sarà possibile, è molto importante per noi parlargli, perché abbiamo qualcosa di molto interessante per lui.

Se la persona sta bene, allora puoi procedere al passaggio successivo della chiamata.

3) Sei libero? Hai un paio di minuti per me?

È importante verificare la sua disponibilità. Perché se una persona è al lavoro e non può parlare, non ci presta l'attenzione necessaria.

Quando risponde: 'Si, posso parlare' fai il passo successivo.

Se non ha tempo, dici: 'Ok, anche io sono di fretta. Quando ti posso richiamare? È una cosa importante'. Segna l'orario che ti indica e richiama a quell'ora.

4) Nome dell'amico, ti sto chiamando per una ragione molto importante. Ho incontrato qualche giorno fa una persona che è venuta nella nostra città e mi ha mostrato un progetto imprenditoriale. Ricorda, qualche tempo fa abbiamo parlato di come sarebbe bello guadagnare di più, perché vuoi comprare una nuova auto. Quest'uomo mi ha mostrato l'opportunità che potrebbe farci guadagnare senza rinunciare al nostro lavoro. Voglio condividere queste informazioni con te. Dobbiamo assolutamente vederci questi giorni, mentre questa persona è nella nostra città.

5) Quando possiamo vederci? Che ne dici di martedì o giovedì sera?

Alternativa. Ora dobbiamo proporre alla persona due opzioni, quando e dove possiamo vederci. Una persona dovrebbe sempre avere una scelta.

L'amico può rispondere: giovedì sono libero

6) Conferma.

"Grande! Allora lascia che ti venga a prendere giovedì alle 19:00 e andremo a incontrare questa persona insieme, ok?"

"Bene."

7) "Ottimo! Allora ci vediamo giovedì alle sette.

Segnalo sul calendario io l'ho già fatto. Sono sicuro che ti piacerà".

"Va bene, ci vediamo giovedì!"

Questa è la fase dei saluti. Importante è salutare con un sorriso e velocemente. Prima che l'amico inizi a farci domande.

Chiesi a Nora: "E cosa succede se il mio amico dice: Ma potresti spiegarmi di cosa si tratta?"

"In quel caso - disse lei - rispondi:

Certo, è per questo che voglio vederti. Voglio presentarti la persona che mi ha parlato di questa opportunità, ha molta esperienza, ha già aiutato molte persone a guadagnare denaro extra, ed è semplicemente una persona eccezionale. Allora, preferisci martedì o giovedì sera?"

Risposta: "giovedì sono libero".

Se la persona insiste: "Ma comunque spiegami, di cosa si tratta?"

Dì: "Ascolta, si tratta di come guadagnare più soldi ma, mi sembra che questo non sia particolarmente interessante per te, quindi lascia perdere. Ci vediamo a prendere un caffè insieme e fare due chiacchiere. È da tanto che non ci vediamo. Questa è un'opportunità solo per coloro che vogliono davvero guadagnare di più".

E salutalo: 'Ciao, sono di fretta, ci vediamo'.

Non abbiamo bisogno di convincere e persuadere nessuno! Dobbiamo solo invitare" mi avvisò. "La cosa più importante è prepararsi bene. Tieni lo script sotto i tuoi occhi ed un elenco che includa i punti di forza della tua attività, del tuo prodotto e della tua azienda. È molto importante essere brevi. Non avviare una presentazione ma semplicemente invita. Quando le persone fanno domande aggiuntive, rispondi brevemente e chiaramente. E ricorda; più inviti fai, migliore diventerai nell'arte dell'invitare e, più persone conosceranno il tuo prodotto e la tua attività. Vedi questo compito come un atleta che si allena prima di una competizione e diventerai un vero campione!" suggerì Nora.

Partecipa e Diventa Ricco

6

Scegli i metodi che preferisci per fare il business

I primi appuntamenti con lo sponsor

"Ora - disse Nora - sai come invitare le persone e devi fare un po' di pratica. La miglior cosa da fare è fissare i primi appuntamenti ed incontrarti con il tuo sponsor prima che puoi. È meglio farlo entro 48 o 72 ore dall'inizio della tua attività. Ricordati la regola delle persone di successo!

Se il tuo sponsor abita a distanza, fissa con lui o con lei una chiamata via Skype. Leggi ad alta voce lo script che hai preparato con l'aiuto del tuo sponsor o lo script che lui stesso ti ha dato già pronto. Leggilo ad alta voce, ripetilo e studialo a memoria. Diventa per un po' un attore che recita una parte. Finché però non avrai imparato lo script a memoria, tienilo sempre davanti agli occhi. Decidete con il tuo sponsor quando farete le presentazioni insieme. Il 90% delle persone hanno cominciato a lavorare nel network marketing part-time, chiedi al tuo sponsor o Up line quando è disponibile (giornate e orari) per aiutarti. Cerca di liberarti in queste date da tutti gli impegni sociali. Così facendo il tuo sponsor vedrà anche che sei seriamente interessata e prendi questo impegno come una cosa seria. Quando avrete stabilito i giorni e gli orari, decidete quale tipo di presentazione volete fare. Sicuramente, per iniziare bene e per avere un po' di allenamento, la miglior cosa da fare é organizzare una serata di lancio o un'inaugurazione della tua attività. Decidete la data entro la prima settimana di attività e quando potresti invitare a casa tua i tuoi parenti e gli amici più stretti. Chiamali e spiega loro che hai cominciato una nuova attività part-time e che vorresti fargli conoscere l'azienda, i prodotti e la persona che ti ha presentato questo progetto. Fra poco - disse - andiamo da Martha ed avrai la possibilità di vedere come puoi organizzare questa serata. L'importante, è sempre pianificarla con il tuo sponsor e farla il prima possibile. Puoi fare anche due o tre serate durante la stessa settimana usando sempre lo script-invito del quale ti ho parlato prima. Ora prepariamoci e andiamo a casa di Martha. L'ho avvisata che vieni con me, sarà felice di conoscerti" disse Nora.

Serata di lancio o inaugurazione dell'attività.

Arrivammo a casa di Martha, in un sobborgo nei pressi di Zurigo. In Svizzera cenano presto, perciò Marta aveva chiamato i suoi amici ed un paio di parenti invitandoli a raggiungerla dopo cena. Nora mi spiegò che Marta aveva già chiamato gli ospiti per telefono 2-3 giorni prima. Subito dopo Nora aveva ricordato a Marta di chiamare i suoi ospiti o mandar loro un messaggio un giorno prima per ricordargli dell'evento e chieder loro di essere puntuali.

Martha ed i suoi genitori ci accolsero in maniera molto educata e cordiale. Sua mamma disse che era molto curiosa di sapere di cosa si trattasse e Nora le garantì che le avrebbe spiegato tutto un po' più tardi.

Martha ci accompagnò nel soggiorno. Tutto era pronto per la presentazione. Era tutto in ordine ed i posti a sedere erano pronti. Un grande divano, un paio di poltrone e due sedie nel caso fosse arrivato qualcuno in più. Nel mezzo vi era un tavolino con i prodotti della nostra azienda, campioni, brochure, qualche altro foglio (erano le schede profilo clienti ma il testo non si vedeva) e un vaso di frutta. Vicino ad un grande televisore vi era il pc di Martha, attaccato ad esso per proiettare i video. L'atmosfera era accogliente, Martha mise anche dei fiori ed un po' di musica. Nora e Martha erano d'accordo che Nora sarebbe arrivata un po' prima degli ospiti. Martha aveva preparato anche una bevanda rinfrescante, qualche salatino ed un po' di frutta tagliata su un vassoio. Quando iniziarono ad arrivare i primi ospiti, li accogliemmo con dei sorrisi e simpatia. Martha fece accomodare gli ospiti e quando furono arrivati tutti, presentò Nora come una persona di grande successo e come grande esperta. In tutto vi erano 7 persone. La presentazione iniziò quasi puntualmente.

Martha esordì dicendo che aveva conosciuto il suo sponsor Nora e che quest'ultima, aveva un grande successo in questo business.

Martha spiegò che Nora le aveva presentato i prodotti, raccontato la sua storia e le aveva fatto vedere le foto del suo volto prima e dopo l'utilizzo dei prodotti. Inizialmente aveva una pelle impura mentre ora aveva un bellissimo aspetto. I suoi parenti e i suoi amici annuivano. Vedevano le differenze in quanto la conoscevano bene. Poi Martha passò la parola a Nora. Nora iniziò con qualche battuta, le persone sorrisero e le fecero qualche domanda. Sembrava che questa gente la conoscesse, pur essendo la prima volta che facesse la loro conoscenza. Nora raccontò la sua storia, parlò dell'azienda e fece partire il video aziendale sui prodotti. Lo aveva fatto di proposito, avrebbe potuto spiegare i prodotti lei stessa ma, desiderava fosse tutto più semplice e duplicabile per la sua nuova collaboratrice. Dopo il video chiese alle persone se avessero delle domande e questi, iniziarono a chiedere qualcosa. Martha ed io offrimmo loro dei campioni dei prodotti da provare. Qui iniziò la parte più divertente. Tutti iniziarono a provare i campioni, dicevano che gli piaceva il sapore e facevano altre domande. Nora rispondeva, Martha ed io ascoltavamo. Nora spiegò che avrebbero potuto provare i prodotti come clienti di Martha oppure diventarne i business partner; per avere prezzi più vantaggiosi e la possibilità di

67

guadagnare. Disse che chi era interessato a questa opzione, avrebbe potuto parlare con lei e Martha l'indomani in un'altra occasione. Una coppia di amici di Martha presero un appuntamento con Nora.

Tutto avvenne come per magia. I genitori, la zia e un'amica della ragazza avevano voluto provare i prodotti e fecero subito l'ordine online. Martha aveva trovato i suoi primi clienti. E i suoi amici il giorno dopo divennero suoi collaboratori, avendo fatto un colloquio via Skype con Nora. Marta era stra-felice.

Rientrando dalla serata di Martha, Nora disse:

"Questo è il metodo più efficace per iniziare l'attività e avere i primi risultati".

Il business- meeting

"E ora parleremo del business meeting – mi disse Nora - che è da sempre stato un metodo molto efficace nel network marketing. Forse nella tua città ci sono già i business meeting o se no, quando hai un po' di esperienza e hai un gruppo, puoi creare un meeting tutto tuo. Il vantaggio di un business-meeting è la possibilità di parlare in un'occasione con tante persone. È un'ottima occasione anche per allenare le tue capacità come public speaker. Tante persone hanno paura di parlare in pubblico. Parlando ad un meeting hai possibilità di fare pratica cominciando con 10 o 15 minuti. I business meeting di solito avvengono in delle strutture molto belle come alberghi da quattro stelle in su. Perché l'azienda di network marketing deve avere una certa immagine, soprattutto, se parliamo dell'opportunità di un grande business. Se hai deciso di partecipare ad un evento ricordati alcune regole" mi avvertì.

"Vestiti in maniera appropriata. Vestiti un po' più elegante del solito. Non deve essere necessariamente un vestito costoso o firmato ma deve essere elegante, abbastanza nuovo e curato. Devi distinguerti. Non esagerare con cosmetici, profumi e gioielli, anche se ti piacciono molto. Devi avere un aspetto piacevole e professionale. Come business partner arrivi un po' prima degli ospiti. Aiuta a preparare la sala. Dai il contributo per la sala perché il business meeting è per tutti. Ma soprattutto, è importante avere l'atteggiamento giusto! Sii sorridente e cordiale ed anche se, per qualche motivo non hai ospiti, accogli con entusiasmo e simpatia gli ospiti degli altri. Perché gli altri, faranno lo stesso con i tuoi ospiti la prossima volta. Fai accomodare i tuoi ospiti in sala, presenta loro le persone di successo, edificando il tuo sponsor o app line. Quando la presentazione comincia, presta la tua attenzione al relatore. Non sfogliare Facebook e non rispondere ai messaggi perché i tuoi ospiti ti osservano e farebbero lo stesso. Tu vorresti che il tuo ospite ascoltasse con attenzione? Allora fai lo stesso. Anche se il relatore non è molto esperto o per l'emozione ha fatto qualche gaffe, fai finta di niente, annuisci e dagli il tuo supporto. Il tuo ospite non si accorgerà dell'errore. Importante è creare un'atmosfera positiva. Non è sempre facile. A volte quando il tuo ospite non arriva e sei arrabbiato con lui o addirittura deluso, devi tenere sotto controllo i tuoi sentimenti. Ricordati sempre che il network marketing è un business a lungo termine che ti permette di avere un guadagno passivo per anni e anche decenni. Decidi di invitare ancor più persone la prossima volta in modo da avere tanti ospiti. Non farti scoraggiare dagli ostacoli. Tieni in mente la tua meta e raggiungi il successo.

Ricordati che la gente ti osserva anche quando non te ne accorgi. Per questo, usa un linguaggio positivo, sii sorridente, cordiale e gentile con tutti. Questo è l'atteggiamento giusto nei business meeting e nella vita in generale.

Skype e Zoom call

"Un altro strumento molto efficace è Skype - proseguì Nora. Puoi anche usare Zoom o un'altra applicazione. Perché sono così efficaci? Perché puoi fare una presentazione ad una persona o ad un gruppo di persone a qualsiasi ora in qualsiasi località. Può invitare il tuo sponsor o up line. L'efficacia di questo metodo è che puoi condividere lo schermo e mostrare: le slide, i documenti, il back office ed il tuo sito Internet al tuo potenziale cliente o collaboratore. È anche uno strumento interattivo perché di solito le persone si vedono e questo piace molto. Nonostante questo metodo sia online, puoi parlare con le persone e vedere le loro reazioni a quello che stai dicendo, puoi fare delle domande o rispondere alle loro domande e questo fa diventare la presentazione molto più efficace. Sicuramente, sedersi a fianco con il tuo potenziale cliente in un salotto è la cosa ideale ma, se la persona abita lontano, questo metodo è ottimo. Non devi perdere tempo per il viaggio, non devi spendere i soldi per la benzina, la connessione Internet è quasi gratis, tutti ce l'hanno. Per questo è uno strumento molto utile e anche duplicabile. Ogni persona che abbia Internet, un tablet o un computer e abbia un'ora al giorno può fare questo business direttamente da casa o dal proprio ufficio. Questo metodo è l'ideale per chi dice: "ma io non ho tempo". Importante, durante la presentazione, è fare tante domande per assicurarsi che il nostro interlocutore sia con noi e ci stia seguendo. E' ovvio che anche una buona connessione Internet è importante. È meglio avvisare la persona che è preferibile che si trovi in un posto tranquillo, dove non viene disturbata durante la mezz'ora o i 40 minuti, in cui le viene spiegata l'opportunità. Mi è capitato di invitare delle persone ad una chiamata Skype e si sentiva in sottofondo la famiglia che cenava, i bambini che strillavano oppure che la tv fosse accesa. In queste condizioni la persona è distratta. La cosa importante per riuscire a fare una buona presentazione, è avere l'attenzione del nostro ospite.

L'invito ad un incontro tramite Skype è lo stesso di un normale invito a cena; possiamo anche chiedere:

"Tu martedì o giovedì sera di solito sei a casa? Ottimo, allora ti invito a vedere una cosa.

Usi Skype? Scaricalo, è gratuito".

Puoi anche dire:

"Ti presento una persona straordinaria che mi ha fatto conoscere questo progetto. Qual è il tuo nome in Skype? Ottimo, questa persona si chiama .... Accettala tra i tuoi contatti per piacere. Perfetto, ci vediamo in Skype giovedì alle 20.00" mi spiegò Nora.

"Ricorda di inviare un promemoria nel pomeriggio prima dell'evento ed un messaggio 10 minuti prima chiedendo: 'sei già a casa? Il tuo Skype funziona?'"

"L'algoritmo è lo stesso che hai visto a casa di Martha - sottolineò Nora – il nuovo collaboratore saluta il suo ospite, racconta la sua storia sul prodotto o l'attività se ce l'ha e presenta il suo sponsor edificandolo. Il resto lo fa lo sponsor. Nella parte finale il nuovo collaboratore può chiedere al suo ospite: 'Bello, vero? Vuoi iniziare con me?'"

La cosa importante dopo aver finito la presentazione, è rispondere alle domande e chiedere all'ospite che decisione vorrebbe prendere. In caso avesse ancora delle domande, fissate un altro appuntamento entro 72 ore" conclude.

Presentazione one to one

"Il metodo più efficace disse Nora è la presentazione one to one.Ti consiglio di fare le prime presentazioni con la partecipazione del tuo sponsor. Oppure potresti chiamare il tuo sponsor e farlo parlare con il tuo amico durante la presentazione. Per dare la sua testimonianza. Devi avvisare lo sponsor prima ovviamente.

L'invito alla presentazione one to one è sempre lo stesso. Devi pensare bene nello scegliere il posto dove vuoi fare questa presentazione. Potresti andare a casa della tua amica o amico se siete in confidenza. Se anche il coniuge sarà in casa tanto meglio, così non sentirai la scusa 'devo parlarne con mio marito /mia moglie'. Se conosci bene la persona e hai una bella casa puoi invitare la persona a casa tua. Per le persone che non sono della tua cerchia di amicizia più ristretta, proponi di vedervi in lobby o bar di un bell'hotel nella tua città o in una caffetteria o un ristorante. L'importante, è che il posto non sia troppo affollato e rumoroso e che sia un bel posto perché presenti una grande azienda e un'importante opportunità. Cerca di arrivare all'appuntamento in un posto pubblico un po' prima del tuo ospite. Scegli un posto tranquillo, senza distrazioni: televisore, musica a volume alto. Cerca di sederti con le spalle al muro. Questa è la posizione della forza e della sicurezza. Preparati bene ad ogni colloquio: computer, presentazione, campioni, listino prezzi, brochure e tutto quello che ti serve per fare una buona presentazione. Sii professionale e preparato!

Accogli il tuo ospite con un sorriso, in maniera cordiale. Fate una chiacchierata e cerca di scoprire quali sono le sue problematiche in questo momento. Problemi con la salute? Problemi al lavoro? Forse il tuo interlocutore non è contento del posto di lavoro attuale? Forse è una persona separata che vorrebbe fare nuove amicizie? Ascolta attentamente quello che ti dice. Dopo aver parlato per un po', dì che l'hai chiamata per mostrarle quest'opportunità. Chiedi quanto tempo ha a disposizione. Se dice 'mezzora': perfetto. Così, tu sai che dovrai fare una presentazione da mezzora. Di solito tutte le aziende hanno una presentazione ufficiale. Segui le slide, racconta la storia del prodotto o del guadagno. Sii semplice e sii te stessa. Se hai dei campioni dei prodotti, faglieli provare, vedi se le piacciono. Alla fine della presentazione, rispondi alle domande e se non sai rispondere, non ti agitare. Dì semplicemente:

"Non ho la risposta perché ho appena cominciato. Ma posso verificare e darti la risposta al più presto."

Chiedile a questo punto se vuole provare i prodotti oppure se è interessata al business. Chiedile sempre con quale prodotto o quali prodotti vorrebbe iniziare. La maggior parte delle aziende oggigiorno hanno negozi online perciò vai nel tuo negozio o nel tuo back Office e concludi la vendita oppure, registra un nuovo business partner. Se la persona ha ancora delle domande rispondi. Se non hai la risposta, chiedi:

"Se rispondo a queste domande, saresti pronto a prendere la tua decisione?"

Se la risposta è "Si", fissa un altro appuntamento entro 72 ore e cerca le risposte.

Ricordati, se fai anche una presentazione al giorno e lavori cinque giorni alla settimana, sono cinque presentazioni alla settimana e 20 presentazione al mese. Credi che facendo 20 presentazione al mese riusciresti a trovare qualche cliente o business partner?" chiese.

"Certo!" dissi io.

"Ora pensa alla duplicazione. Quando avrai i nuovi collaboratori e anche loro cominceranno a fare le presentazioni, il tuo tempo e i tuoi risultati si duplicheranno. Questa è la forza del network marketing" affermò in conclusione Nora.

Webinar o call

"Al giorno d'oggi siamo molto impegnati e a volte la gente non vuole uscire di casa la sera. Oppure potresti avere delle persone che abitano lontano da te. Questo però, non deve fermarti nel poter dar loro informazioni" disse Nora.

"Nell'era moderna, abbiamo strumenti fantastici come il webinar che possiamo utilizzare ogni giorno. Ci sono persone nella mia organizzazione – continuò Nora - che lo usano addirittura tre volte al giorno, ogni giorno, sette giorni alla settimana. Questo metodo è molto comodo soprattutto per chi fa i turni, lavora di sera e non può partecipare a nessun evento e a nessun incontro durante il giorno o la sera. Il webinar è una presentazione online. Si usa una piattaforma e, ce ne sono tante come: GoToWebinar.com oppure ClickMeeting.com e tante altre.

Potrebbe essere che la tua azienda abbia già predisposto un webinar e tu debba soltanto iniziare ad invitare le persone. Quando avrai più esperienza potresti fare un webinar tutto tuo oppure chiedere a qualcuno della tua squadra. Un webinar può essere anche registrato. L'importante è invitare le persone a questo evento. Per esperienza – suggerì Nora - è meglio chiedere se la persona sia disponibile a quell'ora e giorno però non dare subito il link. Nell'invito iniziale potresti anche dire che hai la possibilità di invitare soltanto due persone e quindi, per te è importante essere sicura che ci saranno. 5-6 ore prima del webinar chiama o manda un messaggio di promemoria e avvisa che invierai un link mezz'ora prima dell'evento. Ricordati di inviare il link mezzora prima e 10 minuti prima del webinar invia un messaggio e chiedi: 'hai ricevuto il link? Hai provato a collegarti? Funziona? Così la persona ha il tempo di collegarsi e ascoltare con attenzione. Avvisala inoltre che, la chiamerai dopo il webinar per sapere la sua opinione e rispondere ad eventuali domande.

Questo metodo funziona alla grande, soprattutto se riesci a mettere in contatto il tuo potenziale cliente o collaboratore con il tuo sponsor o up line. A questo punto sareste in due a parlare con lui/lei. Ricordati di presentare sempre il tuo sponsor in maniera eccellente. Fai rispondere il tuo sponsor alle domande del tuo candidato. Scrivi le risposte. Le domande si ripetono spesso quindi, potrai imparare più velocemente.

Io conosco tantissime persone, - disse Nora - che sono entrate nell'attività o diventate clienti grazie ad un webinar. Ma ricorda è importante fare una chiamata a tre: tu, il tuo sponsor e il tuo ospite-dopo il Webinar.

Alcune aziende organizzano anche i call aziendali con il leader dell'azienda. Questo metodo è anche molto efficace soprattutto se, dopo, il tuo potenziale cliente viene chiamato da te e gli presenti il tuo sponsor. Come vedi puoi fare questo business in vari modi, lavorando in maniera intelligente" concluse la sua spiegazione.

Partecipa e Diventa Ricco

7

Come diventare il migliore nell'assistenza dei clienti (Follow up).

Follow-up

"Ora voglio parlarti del servizio clienti - disse Nora - Il network marketing è diverso dal business tradizionale in quanto, il servizio clienti è forse la parte più importante del lavoro. Dopo tutto, i nostri prodotti non si vendono nei negozi o nei supermercati perché; possono essere distribuiti solo da persone che sono partner dell'azienda. I nostri sono prodotti esclusivi. L'azienda vuole che le persone ottengano risultati dal proprio prodotto o dal nostro servizio. Pertanto, paga noi, partner commerciali, in modo da non solo trovare clienti ma, anche aiutarli ad ottenere risultati. Molte persone nel nostro settore ottengono successo e hanno una buona base di clienti abituali perché si preoccupano del servizio clienti. C'è anche un numero di persone che ha iniziato il network marketing e poi lo ha lasciato lamentandosi del fatto che vi è costantemente bisogno di cercare clienti, che nessuno vuole comprare prodotti da loro e così via. In realtà, semplicemente non prestavano attenzione al servizio clienti che avevano trovato. Dopotutto, i nostri clienti sono il nostro capitale principale. Se li seguiamo bene e ottengono risultati eccellenti grazie ai prodotti e al nostro servizio, ci consiglieranno sicuramente a qualcun altro. Questa nuova persona può diventare un cliente o un partner commerciale ma, ne parleremo più tardi. Pensa, hai mai comprato una crema in profumeria o in farmacia?" mi chiese.

"Sì, certo!" risposi.

"Il giorno successivo hai mai ricevuto una chiamata dalla commessa del negozio, che ti ha chiesto: ' Ti è piaciuto il nostro prodotto? Sei soddisfatta? Come l'hai usato? Ti consiglierei di applicare la crema in questo modo ..." domandò.

"No" scossi la testa.

"Sarebbe molto strano se i dipendenti dei negozi tradizionali lo facessero, giusto? Ma noi, come partner della compagnia di network marketing, stiamo facendo proprio questo. Consigliamo il prodotto e, quando una persona lo acquista da noi, ci assicuriamo che gli piaccia e che ottenga il risultato. Magari ci lascerà una recensione meravigliosa e ci presenterà ad altre persone. Questo non sarebbe fantastico?" chiese Nora con un sorriso.

Come disse Jim Rohn: "Se fai una vendita, puoi guadagnarti da vivere. Se investi tempo in un buon servizio clienti, puoi fare una fortuna".

Quando conduco corsi di formazione con partner commerciali e persone che vogliono avere successo negli affari, sottolineo sempre l'importanza del servizio clienti.

Quindi parliamo di quando e come iniziare il follow up?

Quando iniziare il servizio clienti?

Il servizio clienti inizia dal momento in cui vendiamo i prodotti. Certo, lavoriamo nel business delle persone, quindi mi tengo in contatto anche con le persone che non hanno ancora comprato il prodotto e mi hanno detto che per il momento non sono interessate. Faccio la stessa cosa con le persone alle quali ho presentato il business. La situazione della gente cambia nella media ogni 6 mesi, quindi se uno di loro non era interessato o non aveva l'opportunità di comprare qualcosa da noi, forse dopo qualche mese, se rimaniamo in contatto e manteniamo relazioni amichevoli, vorrebbe provare. Non chiudere mai la porta!

E ora, disse Nora, immagina che hai venduto il prodotto e devi iniziare a fare il follow up a un nuovo cliente.

Alcuni partner commerciali non si preoccupano affatto di servire i loro clienti, e questo è un grosso errore.

Assicurati di rimanere in contatto con loro, contattali regolarmente. Scopri se il prodotto è arrivato, se hanno iniziato ad usarlo, se ne hanno apprezzato la qualità e così via. Raccomando di rimanere in contatto con il nuovo cliente per le prime due settimane quasi ogni giorno.

Devo davvero chiamarlo tutti i giorni? - Ho esclamato.

Certo che no - rispose Nora - sii creativa. Il primo giorno puoi chiamare la persona, il secondo - mandale un messaggio, al terzo - un'e-mail con alcune informazioni utili, il quarto - un video, il quinto giorno chiama di nuovo e così via. Rimani in contatto.

Inoltre, cerca di conoscere la persona il più possibile. Scrivi tutto su di lui: i nomi dei membri della sua famiglia, in particolare i bambini. I loro risultati, i compleanni, le date importanti. Immagina quanto sia bello per una persona ricevere i tuoi saluti il giorno del suo compleanno o il giorno in cui suo figlio o sua figlia ottiene un diploma. Certo, questo richiede un po' di organizzazione, ma quando diventa un'abitudine, non è affatto difficile. Ora ci sono così tanti programmi che aiutano a mantenere i contatti in ordine. E quando inizi a guadagnare di più, trova qualcuno che ti possa aiutare in questo: uno studente o un pensionato. Dai alla persona degli script pronte e lascia che ti aiuti. Ma all'inizio puoi fare tutto da sola. La cosa principale è ricordare che le persone sono il nostro capitale principale e che dobbiamo prenderci cura di loro e creare relazioni a lungo termine.

Puoi trovare script del follow up per i tuoi clienti e scaricarli sul mio sito.

Testimonianze dei clienti soddisfatti

"Ti piacerebbe avere tante testimonianze da parte dei clienti soddisfatti?" chiese Nora.

"Sì, certo! – risposi io - Ma ho notato che le persone, pur essendo molto soddisfatte dei prodotti, per qualche motivo non mi lasciano il loro feedback. Come dovrei fare?" domandai.

"Come chiedi il feedback?" chiese a sua volta Nora.

"Dico: 'Ascolta, vedo che sei soddisfatto dei prodotti e hai ottenuto un risultato eccellente. Potresti scrivere una recensione per me?'. Il cliente dice: 'Si, certo' ma, non lo fa quasi mai" risposi con un po' di sconforto.

"Ti insegnerò come fare – disse Nora - Innanzitutto, questo problema non si verifica spesso se conduci un buon follow up dei clienti. Se sei in costante contatto con i tuoi clienti e li aiuti a comprendere i vantaggi e i risultati che il tuo prodotto ha fornito loro, questo problema viene risolto molto rapidamente. Molte persone non amano scrivere o sono molto occupate. Pertanto, quando mi dedico al follow up, annoto i miglioramenti che il cliente mi ha comunicato al momento della nostra conversazione o mi ha scritto nel messaggio e raccolgo questi miglioramenti. Ti ricordi quando abbiamo parlato di come creare la tua storia?" chiese conferma.

"Sì, ricordo" affermai.

"La stessa cosa la puoi fare anche con i tuoi clienti. Scrivi una storia per loro.

"Il mio nome è ... Vivo in città ... Ho iniziato a prendere il prodotto perché avevo: problemi che ha avuto il cliente. Ho assunto prodotti per due settimane, un mese, ecc. Durante questo periodo ho sentito: i miglioramenti, i risultati che il cliente ha ricevuto. Grazie!"

L'importante – sottolineò Nora - non dichiarare mai che il prodotto ha curato qualcuno. Non siamo dei medici, non curiamo la gente. Devi stare molto attenta con le testimonianze. Spiegalo a tutti i tuoi clienti e i tuoi collaboratori. La prossima volta che chiami o scrivi al tuo cliente, dì: 'Ascolta, se ho capito bene, sei molto soddisfatto dei prodotti e dei risultati, giusto?

'Sì' risponderà il cliente.

"Ho scritto la tua storia, le problematiche, i disturbi che hai avuto e i miglioramenti che hai ottenuto, utilizzando i prodotti. Posso mostrartela? Se ti piace e sei d'accordo, puoi firmare questa recensione? Forse vuoi scrivere qualcos'altro?"

E gli invii la testimonianza preparate da te" suggerì.

"Puoi anche chiedere se il cliente ti consente di utilizzare il suo feedback sul tuo sito web, sulla tua pagina Facebook e così via. Chiedi inoltre se può confermare il suo feedback quando hai un potenziale cliente con le stesse caratteristiche che aveva lui prima di utilizzare il prodotto. Ad esempio, stanchezza, apatia e così via. La maggior parte delle persone sarà d'accordo perché sono soddisfatti del prodotto e hanno una buona relazione con te. Vedrai quante recensioni eccellenti da parte dei clienti soddisfatti otterrai!" affermò trasmettendomi forza ed energia.

Come ottenere raccomandazioni in qualsiasi situazione?

"Le raccomandazioni possono essere ricevute da tutti" disse Nora mentre camminavamo lungo il lago.

"Il bello della nostra attività è che puoi ricevere una raccomandazione anche da una persona che non è interessata a un prodotto o un'attività commerciale. Quando parli con qualcuno, dì semplicemente:

'Lavoro ad un progetto molto grande, con imprenditori di successo e nel settore'...Dì in breve che cosa fa l'azienda o in che settore opera e poi potresti aggiunger qualcosa del tipo:

'Sono nuova in questa regione. Lei conosce qualcuno a cui piacerebbe avere un guadagno extra? O che vorrebbe provare un nuovo prodotto esclusivo per .... gratis? Ho bisogno di testimonianze da parte di persone in zona. Una persona ci penserà un po' e poi potrebbe dirti:

"Mio cugino di recente mi ha detto che gli piacerebbe iniziare un'attività. Lui è un ragazzo sveglio". O potrebbe dire:

'Forse mia suocera vorrebbe provare? Un prodotto esclusivo gratis? Penso che lo farà!' O forse:

'Non mi viene in mente nessuno ora, ci devo pensare'. In questo caso prendi il suo contatto e digli che lo richiamerai fra due giorni. Ricorda la regola delle 72 ore.

Quando fai una presentazione, indipendentemente dal suo esito, prima di salutare il cliente, chiedigli chi tra i suoi conoscenti potrebbe essere interessato ai nostri prodotti e chi, tra i suoi amici, potrebbe essere interessato a guadagnare extra. Una persona, anche se non ha comprato nulla da te, potrebbe lasciarti un paio di contatti" spiegò Nora.

Sì, funziona davvero! All'inizio del mio lavoro nel network marketing, incontrai un conoscente che non voleva entrare nel business ma, quando gli chiesi di presentarmi qualcuno che sarebbe potuto essere interessato, mi diede i nomi di due suoi amici con i numeri di telefono. Chiamai queste persone e facemmo una chiamata Skype, perché vivevano lontano. Entrambi iniziarono come business partner, hanno fatto una grande carriera, hanno guadagnato molti soldi e mi hanno aiutato a guadagnare.

Ricorda sempre, prima di lasciare una persona, chiedi delle referenze. E naturalmente, chiedi le referenze ai tuoi clienti. Se comunichi costantemente con loro, sicuramente conoscerai i loro familiari: fratelli, sorelle, genitori e figli. Tutti possono essere potenziali clienti o partner commerciali. Quindi chiedi ai tuoi clienti:

"Chi fra i tuoi parenti, amici o conoscenti potrebbe essere interessato ai nostri prodotti? E chi dei tuoi amici potrebbe essere interessato a guadagni extra?"

E vedrai quanti nuovi contatti avrai!

Come coinvolgere i clienti nel processo di vendita?

Nora mi disse:

"Può succedere che il tuo cliente sia soddisfatto dei risultati e potrebbe averti detto che i suoi amici gli hanno già chiesto cosa fa per essere più energico e così via. Chiedigli di organizzare una piccola festa o un brunch a casa sua con amici e parenti. Chiedigli se può invitare queste persone dicendo loro che questa, sarà una festa dedicata alla salute. Lasciagli dire che l'ospite della serata sarà una persona esperta di uno stile di vita sano. E questo esperto, cioè tu, racconterà loro come essere in forma e sentirsi meglio. Lascia che non portino nulla ma cerchino di essere puntuali. Arriva all'incontro un po' prima e porta con te prodotti, campioni, brochure e cataloghi. In pratica, condurrai la serata di lancio di un nuovo business partner, come ho fatto a casa di Martha, ricordi? - mi chiese conferma e poi continuò - solo che in questo caso, la farai per un tuo cliente.

Presta più attenzione al prodotto e alla fine puoi dire che se qualcuno è interessato a guadagnare extra, può incontrarti un altro giorno. Indubbiamente questo incontro, porterà molte vendite perché, le persone vicine hanno già visto cambiamenti positivi nel benessere o nell'aspetto del tuo cliente. Chiedigli di raccontare la sua esperienza con il prodotto. Queste persone si fidano del tuo cliente quindi, trovare nuovi acquirenti in questa situazione sarà molto facile. Pensa in anticipo a come vuoi premiare il tuo cliente. Calcola l'importo minimo che i nuovi clienti dovrebbero spendere per far ricevere loro un regalo e chiedi poi ad ognuno se vuole ricevere un regalo o vuole fare soldi. Ad esempio, se durante la serata i clienti acquistano merci per 300 €, puoi dare a chi ha organizzato la serata un regalo dai tuoi prodotti per il 10% di questo importo o dirgli che può ottenere un guadagno sulle vendite, se vuole diventare un business partner. Ascolta ciò che dice e agisci di conseguenza.

Alla fine della serata, assicurati di ringraziare il tuo cliente e quelli nuovi. Presenta solennemente un regalo se il cliente ha scelto questa opzione. Prendi i nomi, i numeri di telefono e le email di tutti i partecipanti. Prepara inoltre, un breve questionario su quali prodotti hanno apprezzato di più. Puoi dire che vuoi rimanere in contatto per inviar loro informazioni interessanti sui nuovi prodotti ecc. ...

La cosa principale è che entrino a far parte dei tuoi potenziali clienti e che inizi una comunicazione. Quelle persone che hanno acquistato qualcosa entreranno nel tuo programma di assistenza clienti e naturalmente, costruirai con loro relazioni di fiducia a lungo termine" concluse Nora.

Come premiare i migliori clienti?

"Oggigiorno sono tutti molto occupati, tutti hanno fretta e ci sono pochissime persone soddisfatte. L'hai notato?" chiese Nora.

"Sì è vero" risposi concordando.

"Pertanto - continuò Nora - la gente brama il riconoscimento. Abbi gratitudine, non dimenticarlo. Cerca di ringraziare e premiare i tuoi migliori clienti. Cosa significa 'i migliori clienti'? Sono le persone che continuano a ordinare prodotti per diversi mesi o ti portano nuovi clienti, ti danno le testimonianze positive e le raccomandazioni. Come possiamo ringraziarli? Prepara una lettera di ringraziamento o un diploma oNorario. Puoi dare ad un cliente fedele un prodotto per il suo compleanno o un set di campioni. Cerca di organizzare un evento una volta ogni tre mesi per i tuoi clienti. Forse riesci ad invitare un medico, un estetista o un altro specialista che spiega ancora di più ai tuoi clienti i benefici del prodotto e fornirà loro alcune informazioni utili. Prova ad organizzare una lotteria, una sorta di competizione - quiz. La gente ama divertirsi! Puoi dare diplomi oNorari ai clienti più leali. Ringrazia i tuoi clienti pubblicamente. Chiedi loro di invitare i loro amici, parenti e conoscenti a questo incontro. Dopo l'evento sarebbe bello se facessi un piccolo buffet. Le persone amano chiacchierare mentre fanno uno spuntino insieme. È meglio organizzare questo evento insieme ai tuoi collaboratori. Naturalmente, possono chiamare i loro clienti ed il risultato sarà meraviglioso per tutti" mi suggerì.

Era arrivato il tempo di salutare Nora e suo marito. Sono molto grata loro per il sapere e la conoscenza che hanno condiviso con me. Al tempo, mi promisi di applicare questa conoscenza e trasformarla in azioni. Dopo tutto, la conoscenza senza azione è una strada verso il nulla. Ci salutammo calorosamente ed andai via. Mi promisi anche di trasmettere questa conoscenza a tutti i miei partner commerciali, a tutte le persone che sarebbero venute ai miei training e per le mie consulenze. Non sapevo ancora che avrei scritto un libro. Ma ora, mentre lo scrivo, trasmetto a voi, miei cari lettori, la conoscenza che ho ricevuto e l'esperienza che ho acquisito come risultato di azioni. Nei mesi successivi ho lavorato duramente, ho imparato molto ed ottenuto molto. In pochi mesi, il nostro team è cresciuto, si è rafforzato ed abbiamo creato un grande fatturato. I miei colleghi di lavoro ed io abbiamo raggiunto alti livelli in azienda e abbiamo guadagnato molto bene. Abbiamo aiutato molte persone. Il business è cresciuto, abbiamo continuato a lavorare ma, sentii che per passare al prossimo livello di successo, era giunto il momento di rivolgersi a un altro mentore.

8

Come puoi raggiungere il prossimo livello?

Ti presento Markus.

Passarono alcuni mesi, la mia attività aveva cominciato a decollare ed ero molto felice. I miei clienti erano contenti dei prodotti e continuavano a riordinare. Anche la mia rete commerciale cresceva. Nuove persone entravano in attività, crescevano, guadagnavano e facevano carriera. Vidi che gli insegnamenti dei miei due mentori funzionavano, mi avevano aiutato molto. Però sono una persona ambiziosa e sentivo che mi mancava ancora un pezzo del puzzle per fare il grande salto di qualità. Andai ad un evento aziendale ad Orlando. Fu un'esperienza meravigliosa. Lì conobbi un'altra persona della mia up line e capì che questa persona avrebbe potuto avere le risposte giuste per me.

Markus era una persona molto esperta nel network marketing, lavorava nel settore da più di vent'anni ma soprattutto, mi piacque la sua personalità. Un uomo alto e biondo dagli occhi azzurri ed in ottima forma fisica. Mi ricordava James Bond nei suoi abiti cuciti su misura. Mi avvicinai a lui durante l'evento e gli chiesi se potevo fargli alcune domande perché volevo raggiungere il vero successo nel network marketing. Il programma dell'evento era molto fitto, per questo lui mi chiese, dopo l'evento, se sarei rientrata subito in Italia o rimasta qualche altro giorno in America. Avevo programmato di rimanere lì altri tre giorni in quanto, volevo esplorare le cose interessanti che offriva la zona e fare un po' di shopping. Però nel momento in cui mi si presentava l'occasione di parlare con un guru e scoprire i segreti del successo, potevo indubbiamente cambiare i miei programmi e approfittare di questa occasione d'oro. Markus abitava a Miami a 3/4 ore di viaggio da Orlando. Mi disse che sarei potuta andare a trovarlo a Miami e fargli tutte le domande che erano di mio interesse. Lo ringraziai; la sua persona mi aveva ispirata molto e non vedevo l'ora di raggiungerlo a Miami.

Guidai fino a Miami Beach e raggiunsi la bellissima zona di Lakeview. Vi erano ville strepitose di numerose celebrità. Mi fermai davanti ad una villa molto moderna circondata da palme e pensai; che vita meravigliosa si può creare cominciando in maniera così semplice. Suonai il campanello. Un uomo venne ad aprirmi e mi fece attendere in un bel salotto e poi mi accompagnò su un grande attico con vista paNoramica dove Markus con la sua assistente stavano lavorando ad una presentazione. Mi invitarono gentilmente a raggiungerli. Ero un po' intimidita. Tutto era così lussuoso! L'uomo di prima, il maggiordomo, mi chiese se gradissi qualcosa da bere. Presi un succo d'arancia e non vedevo l'ora di cominciare a parlare con Markus. Parlammo un po' dell'evento a cui avevamo partecipato il giorno precedente; dei relatori di spicco e delle novità importanti che erano state annunciate. Markus chiese anche della mia famiglia e gli raccontai la mia storia.

Dopo ci sedemmo, con il mio nuovo mentore, nel suo studio al pian terreno ed iniziammo a parlare del successo.

Le quattro caratteristiche delle persone di successo

"Markus – chiesi io – una volta ho letto che per avere successo devi prima essere una persona di successo. Quali sono, secondo te, le caratteristiche di una persona di successo?" Markus rifletté per un po' e poi mi chiese:

"Hai mai visto dei film sui James Bond?"

"Si" dissi io.

"Se osservi bene, ogni persona di successo è un po' un James Bond."

"In che senso?" chiesi io.

"Ogni persona di successo ha le quattro caratteristiche che ha l'agente 007."

"E quali sarebbero?" chiesi io.

"Ogni persona di successo ha sicurezza e coraggio. Se ti ricorderai, in ogni film James Bond affronta il pericolo ed è sicuro di sé stesso e di quello che fa. È sempre in azione. Anche un business-partner di successo è sicuro dell'azienda e del prodotto, crede in sé stesso ed è sempre in azione. Per avere il successo crea azioni massicce. Se deve chiamare; non chiama mai 2-3 persone, ne chiama tante. Se deve fare le presentazioni, ne fa molte. Capisci?

Un business partner di successo non teme il rifiuto e non ha paura degli ostacoli" spiegò.

"È vero" concordai io.

"Seconda qualità di James Bond è il controllo delle proprie emozioni. Se leggi le biografie o guardi i film sui grandi leader del passato e del presente, tutti loro hanno grande autocontrollo. Gestiscono le proprie emozioni in maniera eccellente. Questa caratteristica bisogna apprenderla per diventare un grande nel network marketing" disse.

Annotai tutto e riflettei sul mio carattere e decisi di tenere sotto controllo le mie emozioni. "Una persona di successo è anche una persona disciplinata. Autocontrollo e autodisciplina aiutano queste persone ad avere grandi risultati.

La terza caratteristica dell'agente 007 è che accomuna le persone di successo e che è attento alla propria forma fisica. È allenato, forte e muscoloso. Non ha importanza se sei un uomo o una donna. Se vuoi essere una persona di successo, devi avere un grande fisico: forte, allenato ed agile. Devi essere preparato non soltanto fisicamente ma anche mentalmente. Per essere in forma devi anche seguire uno stile di vita sano, mangiare sano, eliminare le brutte abitudini come alcol, fumo ed altre brutte abitudini. Devi essere un esempio perché la gente ti osserva e ti copia.

Quarta ed ultima caratteristica che accomuna la gente di successo con James Bond, è il suo guardaroba di qualità.

Come ti presenti davanti alla gente? Hai l'aspetto di una persona di successo? Ti ricordi com'è il vestito James Bond? Vestiti eleganti, di stoffe pregiate, fatti su misura.

Ora, non dico che devi farti fare tutti gli abiti su misura ma, presta più attenzione d'ora in poi su come ti vesti. Che ti piaccia o no, la gente ti prenderà più seriamente se migliori il livello del tuo modo di presentarti.

Questi tratti dell'agente 007 sono ottimi per la tua vita e il tuo business" concluse.

Abbi sicurezza, autocontrollo, sii fisicamente e mentalmente in forma e crea un guardaroba di qualità da scegliere ogni mattina. Ti sentirai meglio con te stessa e diventerai più produttiva nella vita e aumenterai le tue entrate.

Fai azioni massicce

Stavamo camminando con Markus sul lungomare. Il tempo era fantastico. Mi venne in mente di nuovo che lui sicuramente viveva la vita dei propri sogni. Desideravo tanto arrivarci anch'io. Riflettei un po' ed iniziai a fargli delle domande.

"Ma cosa faccio se le persone mi dicono: non ho tempo, non ho soldi, non sono portato per il network marketing? Mi sembra di non riuscire a combinare molto.

Markus mi guardò e mi chiese:

"Ma sei sicura di essere convinta del progetto, del prodotto e del business? Sei sicura al 110%?"

"Sì - ho detto io- sono sicura".

"Allora devi aumentare le tue azioni. Quanti contatti fai al giorno? Quante presentazioni? Quante telefonate?" domandò.

Ci pensai un attimo: "Dalle cinque alle sette chiamate, due o tre appuntamenti ed un meeting alla settimana" risposi.

"Ecco è la risposta alla tua domanda!" esclamò Markus.

"Ti mancano le azioni massicce. Ricordati, che siamo un esempio e se facciamo due o tre presentazioni al giorno, la nostra squadra farà ancora meno. Per questo sii d'esempio per gli altri e per te stessa. Riempi le tue giornate. Qualcuno pensa che i soldi facciano la felicità. Non è proprio così. Sì, i soldi fanno comodo, i soldi ti rendono la vita più confortevole ma non ti fanno diventare più felice. Sono solo le azioni con la produzione che ti fanno sentire bene ed essere soddisfatta. Prova d'ora in poi a riempire le tue giornate di azioni che ti portino guadagni. Vedremo quali sono più avanti. L'importante è che tu capisca il principio e ricordi di osservarlo. Aumenta le tue azioni almeno per 8-10 volte e vedrai che la tua vita ed i tuoi risultati, cambieranno drasticamente" suggerì.

"Ma come faccio? – chiesi a Markus - Io lavoro tutto il giorno, ho un figlio e posso dedicare al network marketing forse due ore al giorno. Di sabato posso fare qualche ora in più. E la stessa cosa vale per tutti i miei collaboratori" spiegai.

"Due ore al giorno!? – affermò - Ma è tantissimo. L'importante è che quando fai una cosa, ti concentri su quello che fai. Io quando faccio una cosa, non la faccio singolarmente, ma sempre in maniera massiccia. Quando decido di fare le telefonate, ne faccio subito un blocco di 10 o 20. Quando decido di fare contatti nuovi, ne faccio a decine. Quando presento alle persone l'opportunità o il prodotto, cerco di parlare con più persone possibili nello stesso momento. Uso il webinar, Skype, organizzo meeting. Nel tuo caso, se hai il sabato che puoi dedicare all'attività, al posto tuo, fisserei degli appuntamenti uno dietro l'altro. Puoi anche invitare un paio di persone alla volta. Se uno non si presenta, non perdi il tuo tempo. E se si presentano in due, puoi sempre dire 'Ciao ragazzi, così tante persone sono interessate al nostro progetto che devo unire le persone in gruppi. Altrimenti, non ho abbastanza tempo'" mi consigliò Markus

"Ora mi è chiaro – dissi io - devo agire in maniera massiccia!"

Azioni che portano i guadagni.

Markus continuò: "Ci sono persone che sembra che facciano tantissimo. Sono impegnate costantemente ma non hanno i risultati. Queste persone sbagliano una cosa. Sembra che loro abbiano azioni massicce ma queste azioni non portano i guadagni. Quando pianifichi la tua giornata e la tua settimana fai attenzione che le tue azioni siano per il 90% quelle che ti porteranno i guadagni. Queste azioni sono: le chiamate, le presentazioni e la creazione di nuovi contatti.

Chi devi chiamare? I tuoi potenziali clienti ed i tuoi potenziali business partner. Fai il follow-up e chiama i clienti esistenti ed anche i business partner attuali. È molto importante mantenere il contatto con le persone della tua organizzazione soprattutto, con le persone nuove e quelle più attive. Fai insieme a loro un piano di azione, aiutali, fai le prime presentazioni per loro. Usa il sistema. Di questo ti vorrei parlare in un altro momento - disse Markus - è molto importante che non tralasci queste categorie di persone perché chiamando loro, fai crescere il tuo business.

Dedica il tuo tempo per fare le presentazioni. Perché più presentazioni fai, più diventi brava e più nuovi clienti e collaboratori trovi. Pianifica e fai le presentazioni per la tua squadra. Dalle il supporto necessario e diventa il loro mentore. Ricordati di essere un buon esempio. Se tu riesci a fare 5 -7 o 10 presentazione al giorno, i tuoi collaboratori vorranno imitarti. Se farai poco ma pretenderai che i tuoi collaboratori facciano molto, non avrai successo. La gente fa quello che fai, non ciò che le dici di fare.

Il terzo gruppo di azioni che portano i guadagni sono i contatti nuovi. Quando una persona non riesce a generare contatti nuovi nel network marketing entra in crisi. Dice dopo un pò: 'non so chi chiamare'" spiegò Markus.

"Io sono molto brava a fare i contatti nuovi. Non lo dico per vantarmi. Non credo che sia un mio talento innato. Credo che questa capacità l'abbia acquisita per necessità. Quando ho cominciato a lavorare nel marketing network, la mia lista di persone non era molto grande. La mia famiglia, i miei parenti erano in Russia. Le mie conoscenze in Italia erano limitate ad un gruppo di amici, qualche conoscente e qualche collega di lavoro. Non potevo chiamare di sicuro i miei amici di infanzia, di scuola o di università. Erano tutti troppo lontani. Allora, ho dovuto imparare come contattare le persone. Ho fatto tanti errori. Ma ora conosco i metodi e sono molto efficace nel contattare le persone. Infatti, faccio training per le persone che vogliono imparare quest'arte dove insegno alle persone a fare ottimi contatti dappertutto" dissi. Markus si complimentò: "Brava! La capacità di fare contatti nuovi è molto importante".

A quel punto sapevo di voler continuare a sviluppare questa mia capacità perché è una tra le azioni che porta maggior guadagno.

Rinnova il tuo impegno regolarmente.

"A volte ti capita di trovare persone nella tua organizzazione che si lamentano di non riuscire a vendere prodotti e che non riescono a trovare i nuovi collaboratori. Di solito le persone iniziano con grande entusiasmo. Cominciano con grandi risultati e vanno benissimo per i primi 30, 60 e anche 90 giorni. E poi qualcosa succede intorno ai 90 giorni. Per qualche misterioso motivo la persona non riesce più ad avere i risultati di prima. Qualcuno dice che forse questa persona è diventata troppo pigra. Ma in realtà sta facendo le stesse azioni che faceva prima. Oppure qualcuno dice che la persona è diventata troppo saccente. Ma come fai a diventare troppo sapiente in soli 90 giorni? Ovviamente, la causa non è quella. Io lo chiamo il fenomeno dei 90 giorni - ha detto Markus. - In questo periodo succede che la persona ha perso l'entusiasmo iniziale. Può succedere per vari motivi. Magari qualcuno gli ha detto che il prodotto non funziona così bene oppure, ha raccontato qualche storia negativa sul network marketing o gli ha dato qualche consiglio sbagliato che, la persona continua ad usare. I risultati cominciano a calare. Cominciano a diminuire anche la sicurezza e l'entusiasmo. È un circolo vizioso" spiegò.

"Ma come si fa a spezzare questo circolo vizioso?" chiesi io.

"Prima di tutto quando avverti questa cosa fermati e rifletti. Sicuramente, le tue credenze sono in disaccordo con ciò che stai facendo. Prova a ricordare cosa è successo? Forse non sei riuscita a fare una vendita, e la tua sicurezza è diminuita. Cos'altro? Sicuramente, tu sei convinta di qualcosa in quel momento, però non sei convinta della cosa giusta. Non hai lo stesso atteggiamento che ti ha portato al successo nell'attività. Stabilisci quale è il punto debole nelle tue credenze: dubbi sul prodotto, compagnia, business o servizio. Chiedi a te stessa: come mi sentivo quando ero al top delle mie prestazioni professionali? Come parlavo? Come mi muovevo? Cosa pensavo del prodotto e dell'attività?

Fai di tutto per ripristinare il tuo atteggiamento di prima. Scrivi tutti i punti forti del prodotto ed i suoi benefici. Scrivi i punti forti dell'azienda e del piano marketing. Guarda i video che ti fornisce l'azienda. Vai ad un evento, parla con le persone di successo della tua azienda. Gli eventi sono una fonte di motivazione e vorrei parlarti della loro importanza. Fai di tutto per far ritornare la tua motivazione e la tua convinzione al top" esclamò Markus.

"Questo fenomeno può succedere anche più spesso dei 90 giorni. Siamo tutti circondati da persone negative, dei vampiri energetici ed anche da persone invidiose. Tieni in mente sempre il tuo obiettivo: diventare indipendente e libera dal punto di vista economico. Non farti deviare da niente e nessuno. Rinnova la tua motivazione e la tua convinzione sempre. Anche io lo faccio - disse Markus - a volte anche due o tre volte alla settimana" rivelò.

Se anche una persona di successo come Markus aveva bisogno di rinnovare sempre la sua motivazione, decisi di farlo anch'io, regolarmente!

Il piano di 90 giorni

Ci siamo ritrovati con Markus e la sua assistente nella lobby di un bellissimo hotel dove Markus aveva fatto dei colloqui. Avevo già fatto la mia corsa lungo la spiaggia ricordando i consigli di Markus di essere in ottima forma ed indossavo un completo elegante. Anche Markus e la sua segretaria erano vestiti elegantemente. "Vedo che hai ascoltato i miei consigli, mi disse sorridendo.

E ora che conosci le quattro qualità di una persona di successo, sai che devi agire in maniera massiccia e conosci anche le azioni che devi fare. Le tue azioni devono portarti guadagni. Diventa una maestra nell' invitare le persone, fare presentazioni e creare nuovi contatti. Dedica a questo l'80 % del tuo tempo. Il restante 20% dividilo tra pianificazione e controllo. Impara a delegare tutte le cose che non portano guadagni. Siamo tutti molto impegnati al giorno d'oggi. Però, le cose come lavare la macchina, sistemare la casa, anche fare la spesa e cucinare portano via tanto tempo e tanta energia. Concentrati sulle cose che ti portano i guadagni ora che conosci anche il fenomeno dei 90 giorni. Sai come gestire la tua motivazione, cerca di tenerla sempre più alta possibile e fare più azioni possibili.

Pensa ai risultati che vuoi avere dopo i 90 giorni. Quanti nuovi clienti vuoi acquisire? Quanti nuovi collaboratori? Quanti tuoi business partner vorresti aiutare in questo periodo? Quale nuova qualifica o nuovo fatturato vuoi raggiungere?

In base a questi obiettivi pianifica il tuo tempo e la tua attività.

Non succederà dalla mattina alla sera ma devi imparare a gestire il tuo tempo. Un piano di 90 giorni ti aiuta a tenere il ritmo ed essere produttiva. Scrivi tutte le cose della tua vita che non ti portano guadagno e che puoi delegare. Pensa alle persone a cui puoi chiedere aiuto. Hai un partner a casa, hai dei figli grandi da poter far sbrigare loro qualche faccenda domestica? Hai un'amica in pensione che vorrebbe arrotondare un po' e sa fare il lavoro d'ufficio? Hai un vicino studente che sia bravo nel gestire le pagine Facebook? Delega a loro queste cose. Concentrati sulle attività principali che ti portano guadagni. Ora - disse Markus - siediti e comincia a pianificare i tuoi 90 giorni in base a quello che ti ho detto.

Prenditi un'ora di tempo e fammi vedere il risultato."

Iniziai a creare il mio piano di 90 giorni basandomi sulle attività che portano guadagni.

In questi anni, ho fatto tanti di questi piani. Non è stato facile, soprattutto imparare a delegare. Ma solo facendo pratica si riesce a diventare maestri. Aiuto anche i miei collaboratori, quando me lo chiedono, a fare dei piani di lavoro mirati che portino a dei risultati. Lo faccio anche con le persone che si rivolgono a me per le sezioni di coaching.

Mettiti anche tu, caro lettore, a creare il tuo piano di 90 giorni. Prenditi un'ora di tempo e pianifica.

Partecipa e Diventa Ricco

9
L'ultimo segreto del successo.

Il nostro business è il business di persone, non di vendita.
Eravamo seduti sulla terrazza di Markus e parlavamo del nostro business.

"Tante persone" disse Markus "credono che il Network Marketing sia un business di vendita di prodotti quando in realtà, è il business delle persone. Nella maggior parte dei casi le persone non comprano i prodotti perché sono di buona qualità sebbene, siano tantissimi i prodotti di alta qualità sul mercato. Le persone comprano perché questi prodotti gli sono stati proposti da noi, perché abbiamo spiegato loro i benefici che possiedono, i problemi che possono risolvere e soprattutto perché ci poniamo bene nei loro confronti e si fidano. Perché sanno che gli offriamo una buona assistenza e non li abbandoniamo. Per gli stessi motivi le persone diventano business partner. Certo, l'azienda è molto importante, è fondamentale anche che il piano marketing sia generoso ma, se la persona non vuole avere a che fare con noi, abbiamo un problema. Sicuramente, non vorrà diventare il nostro business partner e, anche se lo diventa, non lavorerà con noi a lungo.

Per questo, un buon professionista del network marketing deve imparare a creare e mantenere i rapporti. È necessario che diventi una persona amabile, interessante, divertente. Che impari ad ascoltare ancor più che parlare. Che faccia sentire bene le persone in sua compagnia. Diventi loro amico e consigliere.

Non devi dare dei consigli se non te li chiedono. Però, incontra le persone che possono essere i tuoi potenziali clienti, stai in contatto con i business partner attuali, soprattutto quelli più attivi. Cerca di creare il rapporto di amicizia con tutti e dopo ogni conversazione ti consiglio di scrivere di cosa si è parlato, delle novità e delle ricorrenze. Tieni presente i compleanni, i dati importanti delle persone. Saranno sempre molto felici quando riceveranno da te un messaggio di auguri o una telefonata. Cerca di capire le problematiche delle persone che conosci e sii un buon amico. Crea e mantieni le conoscenze e le amicizie. Fallo in maniera costante" concluse.

"Mi puoi fare un esempio?" chiesi io.

"Sì ora ti illustro come faccio io" disse Markus "preparati che andiamo a pranzo con un amico" aggiunse.

Crea i contatti di qualità.

Saliti in macchina andammo in un bellissimo ristorante. Ero in una Cabrio e lungo il tragitto ammiravo le palme, il vento caldo soffiava fra i miei capelli e mi carezzava dolcemente il volto. Mi sentivo completamente felice. Arrivammo davanti ad un bellissimo locale. Guardai le auto che erano parcheggiate: Jaguar, Rolls Royce, Aston Martin ed altre automobili di prestigio erano parcheggiate nella piazzola davanti al ristorante. Ci venne incontro un uomo con un sorriso che sembrava racchiudere tutta la felicità del mondo ed una volta davanti a noi disse:

"Buongiorno mister Markus, che piacere vederla. Il suo tavolo è già pronto".

"Bene Rodrigo" disse Markus e ci dirigemmo verso la sala da pranzo. Mi guardai attorno; il locale era bellissimo.

Dal soffitto pendevano grandi lampadari di cristallo, le tende di seta bianchissime ci proteggevano dal sole dando l'impressione di freschezza, pulito ed immensità al luogo ed ai tavoli. La sala era piena di gente elegante che conversava a voce bassa e fra di loro, alcuni, mandavano cenni di saluto a Markus. Era chiaro che lui in quel luogo fosse di casa.

"Fra poco arriva il mio amico" disse Markus "nel frattempo ti spiego un po' di cose" aggiunse.

"Tante persone mi chiedono dove trovo i contatti di qualità. Sono fuori dalla tua cerchia, dalla tua zona di comfort, vero? Sono poche le persone che sono nate già ricche soprattutto nel network marketing perché è un'opportunità che permette le persone semplici e normali di diventare persone benestanti e a volte molto ricche.

Ma, per trovare le persone di qualità, che hanno i soldi, che possono permettersi i prodotti di alta qualità e sono anche interessati alle nuove entrate, devi uscire dal tuo cerchio di influenza. E piano piano il tuo circolo di conoscenze comincia a cambiare" affermò.

"Sì" confermai "io vedo che non tutti i miei amici o i miei conoscenti possono permettersi i prodotti di alta qualità che vende la nostra azienda. Magari poi spendono comunque i soldi nelle cose inutili ma, tra i miei amici non tanti sono diventati miei clienti. Per questo mi domandavo dove posso conoscere le persone che sono interessate e possono permettersi prodotti di alta qualità".

"Giusto" disse Markus "se vuoi diventare una persona di successo, devi scegliere le persone migliori di te, che hanno la possibilità. Devi diventare una di loro. Per questo non spendere troppo tempo con i vecchi amici, comincia a frequentare posti nuovi. Scegli un posto più bello e di prestigio nelle vicinanze che sia alla tua portata, mettiti il vestito migliore e vai a pranzo lì. Anche se prenderai solo un'insalata, comincerai ad ambientarti, a farti conoscere, a creare nuovi contatti e a sviluppare nuove amicizie. Non mangiare sempre con le solite persone che conosci da una vita e non possono comprare niente da te. Spendi il tuo tempo in maniera efficace. Vai lì dove trovi le persone di qualità e comincia a interagire con loro. Crea contatti, amicizie e rapporti e saranno loro poi che ti chiederanno di cosa ti occupi e se crei un rapporto di fiducia diventeranno tuoi clienti o business partner".

"Vedi" continuò Markus "ora ci vediamo con un mio cliente; lui è da diversi mesi che usa i nostri prodotti ed è contento ed in segno di riconoscimento, ogni tanto lo invito a pranzo. Grazie a lui ho acquisito anche altri clienti: i suoi amici. Senza di lui non sarei mai arrivato a loro.

Mentre conversavamo arrivò un uomo vestito molto bene dai capelli brizzolati, ci salutò cordialmente e poco dopo iniziammo il pranzo. Parlammo delle nostre famiglie, di eventi che ci sarebbero stati nel weekend a Miami e passai del tempo bellissimo.

Non abbandonare la tua base.

Chiesi io:

"Ma quando mi hai detto che non devo più pranzare con i miei amici, intendi dire che li devo proprio abbandonare?"

Markus rise e poi rispose:

"Non devi mai abbandonare le persone con cui hai un rapporto di fiducia, che credono in te, che conosci bene e ti conoscono bene. E' il tuo punto di forza. Forse non tutti loro vorranno i nostri prodotti o non crederanno nel business ma questa è la loro scelta. Ti dicevo semplicemente di non passare tutto il tempo con loro e di creare nuovi contatti, soprattutto contatti di qualità. O come ha detto Jim Rohn "tu sei la media delle cinque persone con cui passi più tempo".

Osserva coloro con cui passi la maggior parte del tuo tempo e diventerai proprio come loro. Quanto guadagnano i tuoi amici? Che conversazioni fanno? Che obiettivi si pongono? Ma comunque, rimani sempre in contatto con le persone di tua fiducia" concluse.

Poco dopo riprese: "ogni tanto i nuovi business partner non vogliono parlare con delle persone che conoscono bene e cercano di chiamare persone sconosciute oppure cercano le persone su Internet, su Facebook. Questa è un percorso difficile. Ed è normale, anche tu non ti fidi facilmente di una persona sconosciuta vero?" chiese.

"Con un amico invece vorresti fare business e compri più facilmente da un amico giusto?" aggiunse.

"Sì è vero" confermai io.

"Proprio per questo" disse "mantieni il contatto con la tua cerchia di conoscenze. Ma, non dimenticare di star lontano da chi è negativo e chi critica sempre. Anche se a volte dovesse succederti, non discutere con loro, non litigarci. Allontana queste persone, non sprecare le tue energie e resta in contatto con le persone positive. Anche se loro non acquistano sin da subito, chiedi loro sempre se conoscono qualcuno che sia interessato" mi consigliò.

"Sì!" esclamai io.

"Questo mi ha insegnato Nora. Prendere le referenze, giusto?" chiesi consenso. "Assolutamente sì" disse Markus. "Molto bene, mantieni i contatti con i tuoi amici e i tuoi conoscenti migliori, incontrati con loro per un caffè, un pranzo o una passeggiata" aggiunse.

"Anche se ci sono le persone che non senti da tempo, non è mai troppo tardi. Chiamali, mandagli un messaggio e cerca di organizzare un incontro per ricostruire un rapporto. Sii interessata alla loro vita, cerca di aiutarli nel risolvere i loro problemi ed essere utile in qualche modo e chiedi sempre di presentarti qualcuno che potrebbe essere una buona conoscenza e vedrai che sarai sempre circondata da amici e i tuoi affari cresceranno sempre" concluse Markus.

Dove trovare i nuovi contatti?

"Ho capito Markus, devo curare bene i rapporti con le persone che conosco, soprattutto le persone positive e, devo anche uscire dalla mia zona di conforto per trovare le persone di qualità. Ma dove posso trovarli?" chiesi ancora.

"Ci sono tanti posti. Per esempio, noi siamo nel business del benessere e, dove puoi incontrare le persone che sono interessate al benessere?" chiese.

"In una palestra" risposi io "o io in una classe di yoga" aggiunsi.

"Perfetto, a proposito sei scritta in una palestra? Ti ricordi che ti ho detto che le persone di successo devono essere in forma?" domandò.

"Si certo! Come James Bond" dissi io facendo sorridere entrambi.

"Sì proprio come lui" rispose stando allo scherzo Markus.

"Sì sono iscritta in una palestra" tornai poi seria rispondendo alla sua domanda di pochi secondi prima.

"Bene. E ci vai regolarmente?" chiese.

"Sì almeno tre volte alla settimana".

"Perfetto. Quando fai esercizi, cerca di essere socievole. Guarda le persone, salutale, fai qualche battuta e cerca di essere simpatica. Ci sono anche tanti corsi di pilates, yoga, aerobica o zumba. Lì in tante sono le persone interessate al benessere. Comincia a fare conversazione, prendi i numeri di telefono e crea un rapporto di amicizia. Invitale a bere un caffè. Creando le amicizie, in questo modo, sicuramente troverai le persone giuste. Cos'altro potresti fare per trovare le persone interessate?" chiese poi.

"Posso guardare in Facebook se ci sono gruppi che sono legati al benessere" proposi. "Brava è una buona idea. Cerca di conoscere le persone su Facebook ma non mandare promozionali e non portare la vendita direttamente online. A nessuno piace essere spinto a fare un acquisto soprattutto da persone che non conosciamo bene. Non mandare spam può danneggiare la tua immagine e anche quella della tua azienda. E poi non è per niente efficace" mi suggerì.

"Cerca di conoscere una persona e di incontrarla. Crea prima un rapporto di simpatia e di amicizia. Ricordati che il nostro business è un business tra le persone" spiegò.

Non importa, che tipo di prodotto venda la vostra azienda. Cercate di ragionare su dove potrebbe essere il vostro cliente o business partner ideale. Alle persone piace riunirsi nei gruppi per interessi. Ed è in questi posti che troverete le persone che saranno felici di essere i vostri clienti e fare business con voi.

Frequenta le fiere e gli eventi.

"Per trovare tanti buoni contatti potresti anche frequentare delle fiere specifiche che si occupano del tuo settore" suggerì Markus.

"Per esempio, nel tuo caso ed in base al settore in cui lavori, cerca su Internet una fiera del benessere nelle vicinanze. Ci sono due modi per partecipare ad una fiera. Puoi partecipare come un partner ufficiale; potresti quindi prendere uno stand o uno spazio solo o anche con qualcuno dei tuoi collaboratori o dei tuoi colleghi. Certo che è il metodo più costoso in quanto si deve noleggiare lo spazio, spendere una cifra per mettere un banner ed in più si deve avere con sé il materiale promozionale in quantità sufficiente. Però è anche la soluzione che porta tante possibilità di conoscere gente nuova interessata all'argomento. Inoltre avendo lo spazio, puoi parlare tranquillamente con la gente e potresti anche fare una presentazione, una vera e propria vendita o un'iscrizione e sicuramente, avere uno stand in una fiera dà anche un'immagine più prestigiosa" disse.

"A volte quando sei partecipante di una fiera, ti permettono anche di far parte di un seminario, un convegno dove dal palco potresti spiegare i vantaggi dei nostri prodotti e fare una presentazione. In questo caso raggiungeresti molte persone interessate ed appariresti come un esperto" aggiunse.

"Devi valutare tu se hai abbastanza denaro per affrontare questa opzione. Un metodo più economico, ma altrettanto efficace è di andare alla fiera come visitatore. Ti costa un biglietto d'entrata. Vestiti in maniera elegante sfoggia il tuo sorriso migliore prepara tanti biglietti da visita e incontra molte persone. Parla con loro, spiega brevemente cosa fai e prendi i loro contatti. Questa è la cosa più importante" ci tenne a sottolineare.

"Tante persone vengono alle fiere avendo tanti brochure e biglietti da visita che però per mancanza di tempo non guardano più. Tu invece, raccogli i contatti ed entro le 72 ore contatta queste persone dicendo loro che vi siete incontrati alla fiera e chiedendo se gli serve qualche informazione in più e comincia a creare un rapporto con loro" continuò Markus che come ogni volta che parlava aveva la mia completa attenzione.

Fece una pausa e riprese:

"Ci sono anche i 'network and events' sulle varie tematiche e può anche accadere che siano gratuiti. Di solito sono organizzati da varie associazioni o aziende. Tu, cerca di individuare i più adatti al tuo business, scegline alcuni e vai a visitarli.

La regola d'oro qui è: 'ascolta di più e parla di meno '.

Socializza, conosci le persone e chiedi i loro biglietti da visita o il contatto e comincia ad instaurare un rapporto di amicizia di conferenza in conferenza, di evento in evento. Cerca di frequentare questi eventi in maniera regolare e vedrai che ci sono persone che hanno potenziale. Fatti conoscere e mantieni i rapporti che hai creato in queste occasioni. È un processo più lungo ma il nostro business è una maratona e non uno sprint.

Crea i contatti dovunque.

Markus continuò ad insegnarmi come creare nuovi contatti e mi disse come imparare a riconoscere le persone con un potenziale, soprattutto se si trattava di persone che sarebbero potute essere nostri collaboratori.

"Cerca le persone che sembrano essere positive, con un bel sorriso e che parlano in una bella maniera. Quando ti capita di essere in un ristorante, in un negozio o da qualsiasi altra parte, nota come agiscono le persone nelle diverse situazioni. Se ti accorgi che una persona si prende la responsabilità e vuole aiutare le altre persone, è molto probabile che sia una persona adatta al nostro business. Perché il nostro business ripeto, è un business di relazioni, di rapporti tra le persone" disse.

"Le persone che conosco che hanno raggiunto il successo nel nostro business si preoccupano per le altre, vogliono farle star bene e cercano di risolvere i loro problemi, si prendono la responsabilità. Mi è capitato poco tempo fa" continuò Markus "di arrivare in un hotel dove avevo prenotato una sala per fare una riunione con i miei collaboratori più stretti e, quando sono arrivato delle ore prima dell'evento, ho scoperto che la sala che avevo riservato, era stata erroneamente prenotata anche da un'altra persona. Il receptionist che era di turno si era confuso ed iniziò a

107

fare le sue scuse senza però proporre una soluzione. Disse che mi avrebbe fatto parlare con un superiore.

Dall'ufficio uscì poi un ragazzo che non aveva ascoltato il problema e mi chiese di aspettare qualche minuto promettendomi che avrebbe rimediato in qualche maniera.

Riuscì a contattare un hotel a 200 metri di distanza rispetto al nostro, il prezzo era uguale ma per farsi perdonare dell'errore che aveva commesso il suo personale ci inviò una cassetta d'acqua ed un vassoio di snack per la pausa caffè" raccontò.

Vidi subito che questo ragazzo aveva un potenziale perché era capace di gestire situazioni improvvise, di prendersi la responsabilità e di essere un leader. Gli dissi che cercavo persone che si prendessero la responsabilità per un nuovo progetto e gli chiesi di lasciarmi il numero e lui mi lasciò il suo contatto e dopo qualche giorno è diventato un mio collaboratore. Nel giro di tre mesi fece carriera" concluse il racconto.

"Questo vuol dire trovare persone con potenziale. Anche quando vado in un aereo" proseguì Markus "cerco sempre di conversare con le persone che sono a fianco a me, soprattutto quando vedo una persona che potrebbe essere interessata al prodotto oppure che ha le caratteristiche per diventare un collaboratore.

Successivamente, entro le 72 ore che ti dicevo, gli faccio una presentazione se il viaggio è breve oppure se il viaggio è di 12 o 10 ore, la presentazione la faccio subito.

L'importante è sviluppare l'abitudine di creare i contanti dovunque" concluse Markus.

10
Partecipa e diventa ricco.

Network Marketing è una attività di insegnamento.

"Tante persone pensano che il network marketing sia un'attività di vendita ma, non è proprio così. Sicuramente bisogna vendere i prodotti e condividerli con gli altri perché senza fatturato non ci sono nemmeno i guadagni ma, i risultati più importanti e più stabili arrivano quando una persona crea la sua squadra ed insegna alle persone che hanno cominciato l'attività con lui o con lei. E poi queste persone fanno altrettanto con i loro business partners. Nel network marketing è importante creare la duplicazione. Questo significa che le tue persone ripetono le tue azioni. Invitare e presentare e, quando loro cominciano a insegnare alle loro squadre gli stessi semplici passi, inizia il tuo guadagno passivo. Per questo, io vedo il network marketing più come lavoro di insegnamento che come un lavoro di vendite" disse Markus.

Io seguivo attentamente le sue parole.

"E' come allevare un bambino. Appena nato non sa fare nulla; poi impara ad alzarsi , a camminare e a parlare. La stessa cosa, avviene nella maggior parte dei casi con i nostri nuovi collaboratori. Quando un nuovo business partner inizia l'attività, è entusiasta del prodotto o gli piace l'azienda ed il business, però non sa ancora cosa fare di preciso. È nostro compito insegnargli a fissare gli obiettivi, capire il suo perché, aiutarlo a creare la lista dei contatti, allenarlo a fare le chiamate e fissare i primi appuntamenti. Dobbiamo essere con lui o con lei e anche a fare per lui le prime presentazioni finché, non impara a farle da solo ed in maniera efficace. Se lavoriamo con un sistema di webinar o chiamate via Skype, dobbiamo supportare la persona dopo la presentazione. Dobbiamo insegnargli a rispondere alle obiezioni, a concludere gli incontri con una vendita o un'iscrizione, chiedendo le referenze o fissando un altro appuntamento.

Preparati ad avere tanta pazienza e insegna alle tue persone a mantenere un'attitudine positiva anche nei momenti difficili. Sii sempre con loro: motivali incoraggiali ed insegna loro tutto quello che sai" mi suggerì.

Questo è un insegnamento importante che ho ricevuto da Markus. Oggi, quando una persona comincia a lavorare con me, cerco di insegnarle tutto passo dopo passo. E quando faccio il training per le persone che vogliono imparare il network marketing, gli ricordo sempre che il nostro business è un business di mentoring e insegnamento.

Il codice d'onore

"Ho sviluppato questo codice d'onore alcuni anni fa quando ero all'inizio della mia carriera nel network marketing" disse Markus.

"Sono diventato bravo a vendere i prodotti, a presentarli e a trovare nuovi collaboratori. Ma nonostante tutti i miei sforzi le persone non rimanevano a lungo in attività e questo, mi disturbava. Ho capito che prima di iniziare a lavorare con una persona dobbiamo fare una specie di patto che, dobbiamo rispettare entrambi. E se questo patto non viene rispettato io non lavoro con questa persona. Sono delle regole che ci impegniamo a seguire" spiegò.

"Spiegami - dissi io - le voglio sapere anch'io".

Lui si diresse verso la sua scrivania, prese dal cassetto un foglio e me lo diede.

Lessi:

Il codice d'onore della squadra.

1. Ci preoccupiamo per il nostro collaboratore. Stabiliamo il primo incontro entro 48 ore dal inizio dell'attività.

2. Lavoriamo insieme in squadra.

3. Condividiamo i prodotti con le persone per migliorare la loro vita.

4. Condividiamo il business con le persone per dar loro la possibilità di avere più ricchezza nella loro vita.

5. Useremo solo storie vere e numeri reali.

6. Promettiamo poco, ma diamo molto di più.

7. Promuoviamo tutti gli eventi della nostra azienda e partecipiamo a più eventi possibile.

8. Siamo un esempio. Incoraggiamo gli altri ad essere migliori.

9. Riconosciamo l'integrità come il nostro valore principale. Lavoriamo in modo etico e onesto.

10. Siamo venuti qui per vincere e dominare il mercato.

"Wow! – esclamai io - fantastico! Mi piace molto! Posso creare un codice d'onore tutto mio?" chiesi.

"Ma certo! Cosa vorresti aggiungere?" domandò Markus.

"Per esempio:

- Mantieni il contatto giornaliero con il tuo sponsor e la tua squadra.
- Sii puntuale agli appuntamenti.
- Se hai problemi o dubbi chiedi al tuo up line (sponsor).
- Promuovi ed edifica il tuo sponsor.
- Mantieni la tua motivazione sempre alta.
- Impara ogni giorno qualcosa di nuovo per la tua attività.
- Aiuta tutti quelli che hanno bisogno del tuo aiuto.
- Lavora solo con chi vuole lavorare con te.
- Pianifica e controlla regolarmente le tue azioni." dissi.

"Ottimo - disse Markus - vedo che hai tante buone idee! Il codice d'onore puoi usarlo anche nella tua famiglia, con i tuoi figli" disse poi.

"Ma torniamo al nostro business. Ora siediti qui e scrivi il codice d'onore per la tua squadra. Scrivi fino a 10 regole che ti aiutino a stabilire e mantenere un contatto efficace con i tuoi collaboratori. Fallo ora. Metti il timer a 10 minuti e crealo" suggerì.

Fallo anche tu, caro lettore, ti aiuterà nel business e nella vita.

Promuovi gli eventi della tua azienda e partecipa a più eventi che puoi.

"Nel nostro business è molto importante essere convinti della nostra attività, dei nostri prodotti e dell'azienda. Bisogna mantenere la motivazione sempre alta e non è un compito facile. Siamo circondati da informazioni negative, le sentiamo dappertutto: radio, TV, chiunque ci circondi. Uno tra i metodi migliori che io conosca - disse Markus - per mantenere la motivazione alta, è frequentare gli eventi dell'azienda. Sono indispensabili per chi vuole avere successo nella nostra attività. Partecipa a più eventi che puoi, partecipa agli incontri settimanali, se ci sono nella tua città, e invita ospiti. Partecipa agli eventi regionali e nazionali perché lì incontri le persone che lavorano nel tuo paese, parli con le persone migliori ed impari dai leader. Partecipa anche ai convegni internazionali perché proprio in questi eventi nascono i veri leader. Non so spiegarti cosa succeda nei grandi eventi ma c'è una magia. Durante questi eventi le persone si trasformano. Acquisiscono sicurezza, determinazione e prendono la decisione di fare il business in maniera seria. Hai già partecipato agli eventi e sai quanta energia, quante novità portano. Ho conosciuto tante persone durante la mia carriera in quest'industria e ho sentito numerose storie molto interessanti. Vi erano persone che avevano iniziato da poco in azienda e partecipando a un evento hanno preso questa attività in modo serio, professionale ed hanno raggiunto risultati sorprendenti. Ho conosciuto anche persone che erano in attività da un bel po' ma non facevano molto, non avevano grande successo. Però sono venuti ad un evento, ed i loro risultati sono cambiati. E non si sono più fermati. Partecipavano ad altri eventi aziendali, portavano la loro squadra con sé e raggiungevano mete sempre più alte e guadagnavano sempre di più. Ma è cominciato tutto da un convegno. Fai di tutto per partecipare agli eventi e portarci più persone possibili della tua squadra. Parla con le persone, fai capire loro l'importanza degli eventi per il loro successo. Prendi i biglietti per ogni evento per prima, sii un esempio. Assicurati che tutti i tuoi leader vadano all'evento e portino con loro le proprie squadre. Spiega ai nuovi collaboratori che senza questo passaggio non sarà possibile raggiungere un grande successo. Dobbiamo circondarci di persone positive, da cui possiamo imparare qualcosa. E dove possiamo incontrarle se non agli eventi dove, abbiamo la possibilità di parlare con loro ed imparare dalla loro esperienza. E poi – aggiunse Markus - gli eventi sono molto divertenti. Si conoscono posti nuovi e gente nuova. I viaggi che farai con la tua squadra, regaleranno a tutti i partecipanti tante emozioni e bei ricordi per tutta la vita" spiegò.

Lì, sulla terrazza di Markus, guardando l'oceano, mi promisi di andare ad ogni evento aziendale e di portare con me più persone possibili. Durante questi anni ho partecipato ad ogni evento che mette a disposizione la mia azienda o che abbiamo organizzato con i miei colleghi. La gran parte del nostro successo la dobbiamo proprio al fatto di aver rispettato questa regola:

Promuovi gli eventi della tua azienda e partecipa a più eventi che puoi insieme alla tua squadra.

Segui il sistema o crealo.

"Per avere successo nel network marketing e creare una rendita o un guadagno residuo, è necessario seguire il sistema. Dovrebbe essere semplice da eseguire e ripetere. Questo è necessario per rendere possibile ad ogni persona nella tua squadra, specialmente le nuove persone, che possa imparare determinate azioni e insegnarle agli altri rapidamente. Facciamo un esempio: quando una nuova persona inizia a lavorare nel network marketing, deve registrarsi, provare i prodotti ed incontrare il suo sponsor o il suo mentore. Lui o lei dovrebbe addestrare il principiante nel sistema. Insegnargli a stabilire obiettivi, a pianificare, a creare una lista dei contatti ed a qualificarla, insegnargli a invitare le persone. Questo è il primo passo. L'azienda ed il team dovrebbero avere una serie di attività attraverso le quali una persona con competenze di base può effettivamente fare presentazioni per trovare clienti e nuovi partner commerciali. Lo sai già. Tra queste può esservi una riunione, una chiamata Skype con lo sponsor o un mentore up line, un webinar o un business meeting in un hotel. Un'altra opzione è anche guardare un video aziendale sui prodotti o il business con l'ospite. O la presentazione dei prodotti e dell'azienda a casa di una persona insieme ai suoi amici o ai suoi parenti (serata di lancio). È importante che una nuova persona abbia diverse situazioni in cui poter invitare i suoi ospiti e, cosa più importante, dopo aver eseguito queste semplici azioni, ci sia il suo sponsor o un altro esperto della squadra che lo aiuti a rispondere alle domande degli ospiti, per concludere la vendita o registrare un nuovo membro del team. Come verificare se il sistema funziona? Ogni nuova persona nella tua squadra dovrebbe rispondere positivamente alla domanda: "Posso farlo? Si!"

Tutti possono invitare un amico ad una riunione, guardare un breve video con lui, inviare un collegamento a un webinar, quindi chiamare il suo ospite e presentargli il suo mentore. A poco a poco, la persona nuova imparerà come fare presentazioni e a rispondere alle domande degli ospiti. Ma prima, ha bisogno di un algoritmo esatto, un sistema, che cosa fare, al fine di acquisire i primi clienti e partner commerciali. C'è un sistema nella nostra azienda e nel nostro team - affermò Markus - é molto semplice ed efficace. È molto importante imparare come usarlo e spiegarlo ai nuovi membri del team, così come assicurarsi che seguiranno questo sistema" concluse .

Se, caro lettore, la tua azienda o il tuo team non hanno questo sistema, sei in grado ora di crearlo da solo. Pensa e scrivi, usando i principi sopra elencati, quale sistema puoi creare, per lavorare con esso e offrirlo ai nuovi partner commerciali. Annota tutti i passaggi, usalo ed insegnalo ai membri del tuo team ed i tuoi affari cresceranno e prospereranno.

Sull'importanza della beneficenza

"Nel nostro business, e in effetti nella vita - continuò Markus - , per avere successo ed essere felici, è necessario aiutare gli altri. E ora non sto parlando dei nostri partner commerciali e dei nostri clienti. Ora sto parlando di aiutare coloro che sono meno fortunati di noi. Probabilmente hai notato che le persone ricche e famose sono molto spesso impegnate in beneficenza. Alcuni dicono che lo fanno per pagare meno tasse o perché si vergognano di guadagnare così tanto quando ci sono così tanti poveri nel mondo. Le persone che pensano in questo modo semplicemente non comprendono le leggi dell'universo e le persone di successo che conoscono queste leggi, le usano per il proprio bene" affermò.

"E quali sono queste leggi?" gli chiesi. "Beh, questa è una lunga conversazione - disse Markus - ma ora ti rivelerò una delle leggi dell'universo più importanti: dare di più per ricevere o restituire il bene all'universo, per avere ciò che vuoi. Da tempo immemorabile molte religioni del mondo dicono che la beneficenza sia una cosa buona e necessaria. Ciò è evidenziato dal cristianesimo, dal buddismo, dal giudaismo, dall'islam e da altre religioni. E questo non è un caso. Questa è una grande legge: dare una parte di ciò che ricevi alle persone bisognose. Ti consiglio di stanziare, da tutti i soldi che ricevi, sotto forma di stipendio, guadagni in network marketing, un prestito restituito all'improvviso, ecc., almeno il 10%, e di donarlo in beneficenza. Alcuni dicono, quando diventerò ricco, inizierò ad aiutare gli altri. Non funziona così. Per prima cosa, inizia a fare beneficenza e avrai la possibilità di diventare benestante.

Le migliori società di Network Marketing hanno i loro fondi di beneficenza. La nostra azienda ha anche questa bellissima tradizione: possiamo donare denaro o inviare cibo a bambini poveri o adulti bisognosi. Questa è una grande impresa, e ti esorto - disse Markus - a dare sempre una parte dei tuoi guadagni a questa beneficenza, così come ogni altra che ti possa piacere" suggerì.

"Infatti, quando ho incontrato la nostra compagnia, io, come madre, sono stata molto colpita dal fatto che abbiamo una nostra fondazione di beneficenza attraverso la quale possiamo aiutare i bambini, che a volte non hanno nulla da mangiare. Possiamo anche aiutarli a ottenere un'istruzione migliore e vivere una vita felice e dignitosa" dissi.

Dando soldi in beneficenza, diamo loro l'opportunità di migliorare la loro vita ed il mondo nel suo complesso. Ma, migliorando la vita di altre persone, stiamo migliorando le nostre vite, perché stiamo facendo buone e nobili azioni e l'universo ci ricompenserà sicuramente.

Ogni volta che parlo dal palco di beneficenza, invito i miei ascoltatori non solo a pensare alla sua importanza ma li chiamo all'azione.

Caro lettore, fermati e fai qualcosa adesso. Visita il sito della tua associazione di beneficenza preferita e dai il tuo contributo. È importante farlo dal cuore e con un sincero desiderio di aiutare. E decidi tu stesso di farlo regolarmente, ad esempio, una volta al mese. E vedrai come la tua vita inizierà a cambiare in meglio.

Partecipa e diventa ricco.

Era giunto il tempo di salutare Markus. Lo ringraziai di cuore per i suoi preziosi consigli, ci augurammo il successo e tornai in Italia. Avevo imparato molto dai miei mentori, ma sapevo che la strada davanti a me era appena cominciata, capii che mi aspettava molto lavoro. Non vedevo l'ora di incontrare nuove persone, fare chiamate, presentazioni, riunioni, presentazioni, webinar, scuole, eventi. Ricordando gli insegnamenti dei miei mentori ho imparato, e lo faccio costantemente e anche oggi, a mantenere la motivazione ad un livello elevato. So quanto sia importante essere convinti che i prodotti della tua azienda, la società stessa, il suo piano aziendale

ed il tuo servizio siano i migliori. Lo ricordo ai miei business partner. Sto parlando dell'importanza di essere sicuro al 100% e convinto di coloro che vengono da me per un consiglio e frequentano i miei corsi di formazione.

Sono stati molto intensi, anche se non sempre semplici, anni di duro lavoro, viaggi fantastici e sviluppo delle proprie capacità e dei propri talenti. Sono molto grata a tutti coloro che ho incontrato in questo viaggio ed in particolare ai fondatori della compagnia con cui lavoro, per l'opportunità unica di cambiare la mia vita e le vite di migliaia di altre persone in meglio, per la loro onestà e integrità, il loro duro lavoro e per il riconoscimento ricevuto. Grazie ai miei clienti meravigliosi e fedeli. E anche quelli che non hanno ancora usato i prodotti, così come quelli che acquistano i nostri prodotti occasionalmente. Ricordo con gratitudine le persone che sono venute a scoprire la nostra opportunità e l'hanno rifiutata, perché mi hanno insegnato a ricevere i "no" senza disperare e mi hanno dato l'opportunità di analizzare i miei errori. Sono grata alle persone che hanno iniziato un'attività con me, ma per qualche motivo l'hanno lasciata, abbiamo fatto una parte del viaggio insieme, ci siamo conosciuti come persone e qualche volta siamo diventati amici. Con molte di queste persone, continuo a mantenere buoni rapporti, perché l'amicizia è una parte meravigliosa della vita e rimane anche quando la collaborazione finisce. Sono molto grata alle persone che hanno aderito al mio team e hanno iniziato a costruire un business con me lavorando spalla a spalla, giorno dopo giorno, mese dopo mese, anno dopo anno. Apprezzo, stimo e rispetto molto queste persone per la loro fiducia in se stessi, i loro sogni ed il loro desiderio di vincere. Sono convinta fermamente che queste persone, i miei amici, i miei colleghi, raggiungeranno il loro obiettivo e realizzeranno i loro sogni. Grazie mille, miei cari business partners!

Grazie, caro lettore, che hai letto questo libro fino alla fine. Ho cercato di spiegare qui il principio di unire le persone e cambiare le loro vite e anche la tua, in meglio. E unire anche alcune semplici

abilità che puoi imparare per avere successo ed essere finanziariamente indipendente. So che se seguirai questi principi passo dopo passo, eseguirai le azioni necessarie attivamente e regolarmente, se ti circonderai dalle persone giuste, credendo fermamente nel tuo progetto, nella tua azienda nonché nel tuo prodotto e, soprattutto, in te stesso, avrai successo! Se hai bisogno di consigli ed hai qualche domanda, sentiti libero di contattarmi. Lascia la tua domanda o la tua richiesta sul sito

www.connectandgrowrichbook.com

Partecipa e diventa ricco! Vi auguro tanto successo in questo meraviglioso viaggio!

Partecipa e Diventa Ricco

Notizie riguardo all'autrice

Natalia Dikun è nata in Russia, si è laureata con successo all'Academy of Culture di San Pietroburgo con una laurea in Studi culturali e Management del turismo ed è andata a lavorare in Italia. Ha vissuto nel nord Italia e ha lavorato nel settore del turismo. Successivamente ha lavorato come responsabile delle esportazioni per il mercato dell'Europa dell'Est con diverse società.

Nonostante un buono stipendio, stava cercando la stabilità finanziaria per sé stessa e la sua famiglia. Lei da sola ha cresciuto suo figlio e voleva avere un reddito aggiuntivo, così come l'opportunità di creare un reddito residuo. Pertanto, nel 2013, su invito di un amico, ha iniziato a lavorare con una grande società di network marketing. Natalia, essendo una persona ambiziosa e determinata, cercava sempre un'opportunità per migliorare la sua vita. Ha frequentato corsi di famosi trainer come T. Harv Ecker, Robert Kiyosaki, Brian Tracy, Jim Ron, Anthony Robins e altri, avendo iniziato a lavorare nel settore del network marketing, ha applicato le conoscenze acquisite. Essendo una persona energica e orientata agli obiettivi, lavorando sodo e attivamente, Natalia ha fatto una rapida carriera.

Durante il primo anno e mezzo, ha raggiunto uno dei massimi livelli di carriera dell'azienda con cui lavora tuttora. Una delle sue priorità è sempre stata il desiderio di aiutare le persone. Durante la sua carriera in questo settore, ha aiutato centinaia di persone a migliorare la loro qualità della vita e ad aumentare le loro entrate.

Natalia aiuta con consigli, consulenza e formazione, basati su esperienza personale di successo e anni di pratica. Ha maturato una vasta esperienza nel network marketing e l'ha delineata nel suo primo libro.

Attualmente Natalia vive a Londra, dove continua a occuparsi di network marketing e offre anche consulenze e corsi di

formazione. Se vuoi imparare come da una persona semplice e "normale", diventare finanziariamente indipendente, viaggiare per il mondo e cambiare radicalmente la tua vita in meglio, questo libro è per te.

Se vuoi invitare Natalia come coach, lascia la tua richiesta sul sito web www.connectandgrowrichbook.com o scrivi a:

wealth@connectandgrowrichbook.com

Sarà felice di aiutarti e ti farà la prima ora di consulenza gratuitamente.

Se vuoi assumerla come relatore per il tuo evento, o invitarla come ospite per il tuo programma radiofonico o televisivo, ti preghiamo di lasciare la tua richiesta all'indirizzo e-mail:

wealth@connectandgrowrichbook.com

Se vuoi acquistare più libri, visita: www.Amazon.com.

Se questo libro ti ha ispirato, allora la cosa migliore che puoi fare è passarlo ai tuoi amici, ed essere un esempio per loro. Nel network marketing, come in altri business e attività in tutto il mondo, sono indispensabili le persone che possano dare l'esempio a tutti.

L'autrice ti augura di diventare proprio quel tipo di persona!